JARDINER

à l'intérieur, sur la terrasse et au balcon

Dédicace

À mes enfants, grands et petits, et à mon complice de chaque jour.

«J'aime les fleurs et les jardiniers. Les fleurs évoquent l'amour, et les jardiniers, je l'ai souvent remarqué, ont les plus beaux enfants du monde.»

JACQUES FERRON,

Le Don Juan chrétien, p.309 dans Théâtre 1

JARDINER

à l'intérieur, sur la terrasse et au balcon

Hélène Baril

Broquet

97-B, Montée des Bouleaux, Saint-Constant, Qc, Canada, J5A 1A9
Tél. : 450 638-3338 – Téléc. : 450 638-4338
info@broquet.qc.ca – www.broquet.qc.ca

Catalogage avant publication de Bibliothèque et Archives nationales du Québec et Bibliothèque et Archives Canada

Titre : Jardiner à l'intérieur, sur la terrasse et au balcon / Hélène Baril.
Noms : Baril, Hélène, 1961- auteur.
Description : Comprend des références bibliographiques et un index.
Identifiants : Canadiana 20190030489 | ISBN 9782896546268
Vedettes-matière : RVM : Culture en récipients. | RVM : Culture d'intérieur. | RVM : Culture sur balcon.
Classification : LCC SB418 B37 2020 | CDD 635.9/86—dc23

Nous reconnaissons l'aide financière du gouvernement du Canada. We acknowledge the financial support of the Government of Canada. Nous remercions également livres Canada books™, ainsi que le gouvernement du Québec : Programme de crédit d'impôt pour l'édition de livres – la Société de développement des entreprises culturelles (SODEC).

Édition canadienne en langue française

Dépôt légal – Bibliothèque et Archives nationales du Québec
1er trimestre 2020
Designer graphique : Nancy Lépine
Révision linguistique : Julie Therrien et Andrée Laprise

ISBN : 978-2-89654-626-8

Imprimé en Malaisie

TABLE DES MATIÈRES

DEHORS COMME DEDANS… VIVE LE JARDINAGE EN POT !

Mon métier de paysagiste consultante m'a amenée au fil des ans à découvrir, à connaître et à utiliser chaque plante pour les caractéristiques qui lui sont propres. Tous les végétaux ont un rôle bien précis à jouer au balcon comme dans la maison. Il suffit de changer notre façon de voir et de concevoir nos agencements en pot pour apprécier les mille et une facettes que nous réserve chaque plante, qu'elle soit comestible, tropicale ou ornementale. Toutes, sans exception, ont un potentiel décoratif qui ne demande qu'à être exploité et mis en valeur.

Trop souvent, les gens créent des agencements en contenant en n'utilisant que des fleurs, des fleurs et encore des fleurs. Les plantes à feuillage décoratif, aux parfums subtils, aux textures particulières et aux saveurs uniques ne trouvent pas leur place dans ces compositions et pourtant... elles ont tant à nous offrir.

Prenez le temps de planifier vos compositions de balcon et d'intérieur, ne choisissez que des végétaux qui vous plaisent et vous stimulent. Chaque plante est unique et éveille en chacun de nous un sentiment particulier : l'émerveillement, la curiosité, la surprise... Laissez les plantes vous parler, offrez-leur les bons compagnons et apprenez à les connaître pour mieux les cultiver.

« On n'utilise bien que ce que l'on connaît », voilà une grande vérité qui vous permettra de réaliser des jardins en contenant pour votre intérieur comme pour votre extérieur qui sauront vous apporter un profond bien-être et une grande satisfaction.

Loin de moi l'idée de révolutionner le monde du jardinage en contenant. Je désire simplement et humblement vous transmettre les connaissances que j'ai acquises au fil des ans, afin que vous puissiez apprécier les végétaux à leur juste valeur. Cette citation de Charles Darwin (célèbre naturaliste anglais) reflète bien ce que devrait être un jardin, si petit soit-il :

« Les espèces qui survivent ne sont pas les espèces les plus fortes ni les plus intelligentes, mais celles qui s'adaptent le mieux aux changements. »

Bonne lecture et bon jardinage !

C'EST UN DÉPART !

Planifier pour réussir

Une bonne planification permet d'approfondir vos connaissances et de maîtriser quelques principes de base simples qui sont indispensables pour assurer la réussite de votre projet de jardinage en contenant intérieur ou extérieur. Une plante en contenant est vivante et elle a besoin d'attention et de soins particuliers que seul un jardinier passionné peut lui prodiguer. Tout au long de la culture de vos plantes, plusieurs questions surviendront. Quel terreau utiliser? Comment et quand dois-je arroser? Quel engrais utiliser? Comment choisir mes plantes? Et bien d'autres questions qui exigeront des réponses simples, claires et concises. C'est pourquoi je vous invite à suivre le guide!

À l'intérieur comme à l'extérieur

Tous les espaces de vie extérieur et intérieur, si petits soient-ils, peuvent accueillir des pots, des bacs et autres contenants qui permettent de créer des mini-potagers, des jardinières ornementales ou des arrangements tropicaux qui reflètent la personnalité et répondent aux besoins des occupants. En parcourant les pages de ce guide, vous apprendrez que plusieurs plantes peuvent vivre l'hiver bien au chaud dans la maison et prendre place sur le balcon ou la terrasse en été. Pour chaque catégorie de plantes présentée, une section sera consacrée à leur culture intérieure et extérieure, vous permettant ainsi de mieux connaître leurs exigences et de profiter de leur beauté jour après jour.

Choisir ses végétaux

Les plantes à fleurs ou à feuillage décoratif, les graminées, plantes parfumées, grimpantes, potagères et bien d'autres peuvent toutes convenir pour concevoir vos compositions en pot. Parmi toutes les plantes adaptées à la culture en contenant, les annuelles restent de loin les plus attrayantes. Éphémères, elles ne durent qu'une saison, mais dans ce court laps de temps, elles offrent des spectacles de fleurs et de feuillages sans pareil. Certaines plantes rustiques telles que les vivaces, les arbustes ainsi que quelques conifères s'épanouissent de façon surprenante au balcon, été comme hiver. De plus en plus populaires, les plantes potagères et les petits fruits nous accompagnent au gré des saisons, si nous prenons soin de bien les choisir.

Les plantes d'appartement cultivées en contenant sous notre climat se développent très bien et apprécient la douceur de notre logis et la chaleur des belles journées d'été. Bien que sensibles au froid, elles bénéficient de vacances à l'extérieur dès l'arrivée des beaux jours.

Bien entendu, l'incompatibilité existe chez les végétaux. Pour des raisons précises et variées, certaines plantes préfèrent ou nécessitent la solitude en contenant. Par exemple, les végétaux gourmands en eau et en engrais, ceux qui occupent beaucoup d'espace par leur fort développement racinaire ainsi que certaines plantes, telles que le *Brugmansia*, le *Nerium oleander* et les *Thuja*, qui dégagent des toxines qui inhibent la croissance des autres végétaux.

À chacune son pot

Pour être considérés comme étant un bon contenant, les jardinières, bacs, pots ou suspensions devront respecter certaines dimensions.

Par exemple :

- Le pot idéal doit avoir une base large et un diamètre et une profondeur de plus de 30 cm.
- Les jardinières devront mesurer au plus 1,2 m de longueur et avoir une profondeur et une largeur de plus de 20 cm.
- Les paniers suspendus et les suspensions murales doivent avoir une profondeur de 20 cm et plus et un diamètre (largeur pour les suspensions murales) d'au moins 40 cm.
- Les tables potagères doivent avoir une profondeur de 30 à 50 cm, une largeur de 1 à 1,2 m, une longueur à votre convenance et une hauteur totale (avec les pattes) de 75 cm à 1 m.
- Les contenants pour les plantes rustiques doivent avoir un diamètre et une profondeur d'au moins 50 cm s'ils doivent être isolés.
- Les pots utilisés pour la culture des plantes d'intérieur seront sélectionnés en fonction des besoins de chacune.

Outre cette caractéristique essentielle, la stabilité, la résistance, le drainage et les matériaux de fabrication sont d'autres détails non négligeables auxquels vous devez porter attention. Selon l'emplacement des pots, l'utilisation de soucoupes s'avère parfois indispensable. Sur les terrasses et balcons comme à l'intérieur, il est préférable de déposer vos pots dans des soucoupes imperméables afin de protéger la structure. Celles-ci peuvent aussi servir de réservoirs d'eau à l'occasion.

Les contenants à réservoir d'eau sont une bonne solution pour les jardiniers qui s'absentent fréquemment ou qui ont un horaire très chargé. Toutefois, pour la culture à l'extérieur, veillez à perforer l'endroit où se trouve la cavité qui permet l'évacuation des eaux de surplus (lorsque le niveau devient trop haut) afin de prévenir les excès d'eau.

Les contenants faits de membrane géotextile de type Smart Pot sont parfaits pour la culture des légumes et petits fruits sur le balcon ou la terrasse. Il suffit de les surélever légèrement afin de permettre à l'air de bien circuler. Ils sont résistants et peuvent être utilisés pendant plusieurs années.

Le bon terreau

Les mélanges commerciaux spécialement conçus pour la culture des plantes en contenant offrent tout le support dont la plante a besoin pour sa croissance. Qu'il s'agisse de plantes comestibles, ornementales ou rustiques, le terreau peut être modifié et bonifié pour s'adapter aux besoins de chaque plante. Pour les plantes d'intérieur, un terreau adapté à leur culture est fortement recommandé. Il existe également des mélanges spéciaux convenant parfaitement aux diverses espèces comme les orchidées, les violettes africaines, les cactus et les succulentes.

Sachez que vous pouvez conserver pendant trois ou quatre années votre mélange terreux qui aura servi pour la culture de vos plantes au balcon. Il suffira de le restructurer et de l'amender chaque année avant sa nouvelle utilisation. Toutefois, si les végétaux ont souffert de maladies ou d'infestation d'insectes, je vous déconseille de réutiliser ce terreau.

Pour la culture au balcon, certains terreaux contiennent des cristaux de polymère qui peuvent aider à prévenir le stress hydrique en période de sécheresse. Ces mélanges devraient être utilisés uniquement dans des contenants qui reçoivent plus de six heures de soleil par jour.

La lumière… un peu, beaucoup, passionnément !

La lumière est certainement le facteur qui affecte le plus la croissance des plantes. Nous parlons d'ensoleillement lorsqu'une plante disposée à l'extérieur est exposée aux rayons du soleil, tandis que nous parlons d'intensité lumineuse lorsqu'une plante cultivée à l'intérieur est exposée à une source lumineuse naturelle ou artificielle.

Une plante placée à l'extérieur qui a besoin de six heures et plus de soleil par jour est considérée comme une **plante de soleil** ; si elle a besoin de quatre à six heures de soleil par jour, elle exige un emplacement **mi-ombragé** (sans le soleil du midi) ; si elle se contente de deux à quatre heures de soleil, elle préfère un lieu **ombragé**.

La luminosité offerte aux plantes d'intérieur se décrit selon l'intensité des faisceaux lumineux qui pénètrent par les fenêtres. Elle est identifiée comme étant directe ou indirecte. Cette intensité lumineuse varie selon les saisons. Il faut donc s'adapter et parfois changer nos plantes de maison de place.

Fenêtre au sud	maximum de chaleur et de lumière (directe)
Fenêtre à l'ouest	bonne chaleur et luminosité indirecte
Fenêtre à l'est	fraîcheur et lumière directe du matin (idéal pour les plantes à fleurs)
Fenêtre au nord	fraîcheur et faible luminosité (indirecte)

L'arrosage... De l'eau S.V.P.

Dans la vie d'une plante cultivée en pot, l'eau est capitale. À première vue, arroser une plante en pot semble simple et facile, mais pour savoir bien arroser, le jardinier doit être attentif au besoin en eau de chacune de ses plantes, et ce, au fil des jours et des saisons. Plusieurs facteurs influencent directement les besoins en eau des végétaux en pot à l'intérieur comme à l'extérieur. Par exemple, l'époque de l'année, l'emplacement, le vent, les précipitations, la température ainsi que la quantité et la qualité de lumière qu'ils reçoivent.

C'est tôt le matin qu'une plante en contenant cultivée sur le balcon ou la terrasse bénéficie pleinement d'un bon arrosage. Bien hydratée, elle peut affronter les chauds rayons du soleil ainsi que les vents desséchants et produire efficacement sa photosynthèse. Les arrosages en fin de journée sont moins recommandés. La plante étant moins productive et les températures plus fraîches, l'eau en excès est éliminée moins rapidement, ce qui favorise les maladies fongiques.

L'arrosage des plantes de maison s'effectue au besoin, selon les exigences de chacune. Certaines auront besoin de sécher légèrement entre les arrosages, tandis que d'autres auront besoin de sécher presque entièrement avant le prochain arrosage. La fréquence des arrosages variera selon les saisons et les plantes d'intérieur qui feront un séjour à l'extérieur en été devront être arrosées plus fréquemment.

Voici quelques règles à suivre :

- Arrosez toujours en profondeur, jusqu'à ce que l'eau s'écoule par les trous de drainage. Les arrosages insuffisants fragilisent les plantes en favorisant un développement superficiel des racines.
- Il faut arroser seulement lorsque la plante en a besoin, jamais par habitude.
- L'utilisation d'une eau tempérée ou de pluie est recommandée pour les contenants, une eau trop froide entraînant le jaunissement du feuillage.
- Ne laissez jamais d'eau en permanence dans la soucoupe ; attendez 20 à 30 minutes après un bon arrosage et vidangez-la.

- Ne laissez jamais vos plantes en contenant flétrir par manque d'eau. Même si elles semblent s'en remettre facilement à la suite de bons arrosages, les végétaux qui ont subi un stress hydrique sont moins productifs et moins résistants.

Plusieurs techniques de jardinage ont été adoptées pour prévenir et protéger les plantes en pot de la sécheresse et favoriser un taux d'humidité plus élevé autour des plantes.

- Après l'arrosage, par temps sec et chaud, recouvrez le terreau d'un paillis préalablement humidifié pour lui permettre de conserver son humidité et sa fraîcheur. Il faut retirer ce paillis sitôt la sécheresse terminée afin de prévenir la pourriture du collet.
- Si le poids et la manipulation des récipients le permettent, déplacez-les vers des lieux plus ombragés.
- L'installation de réservoirs d'eau faits maison est une bonne option : un litre de boisson gazeuse inversé et planté dans le pot.
- Regroupez les pots.
- Remplissez les soucoupes de gravillons et d'eau.
- Utilisez des pots munis d'un réservoir d'eau.
- Installez un système d'irrigation automatique parfaitement adapté à la culture sur un balcon ou un patio.

La fertilisation, tout naturellement

Contrairement aux plantes cultivées en pleine terre, qui se nourrissent abondamment et au besoin de la matière organique disponible en grande quantité dans un sol sain, les végétaux cultivés en contenant à l'intérieur ou à l'extérieur doivent se contenter de ce qui est présent dans leur récipient de culture. C'est pourquoi il est important de fournir au besoin les engrais et les amendements qui leur permettront de s'épanouir pleinement.

> Le compost est un amendement riche en matière organique qui nourrit les microorganismes contenus dans le sol. Il permet aussi une meilleure rétention de l'eau et des minéraux contenus dans le terreau, ce qui permet aux végétaux de les assimiler au besoin.

Les engrais granulaires naturels à libération lente distribuent graduellement des nutriments utiles au bon développement des plantes cultivées en pot. Efficaces pendant environ six mois, ces engrais organiques incorporés lors de la préparation des contenants sont lentement décomposés et rendus disponibles aux végétaux en petite quantité à chaque arrosage.

Que signifient les chiffres sur les emballages d'engrais?

Les chiffres indiquent les pourcentages respectifs
d'azote **N**, de phosphore **P** et de potassium **K**
contenus dans le fertilisant: 4-4-2

4% azote (N) – 4% phosphore (P) – 2% potassium (K)

Les engrais riches en azote (N) et en phosphore (P) favorisent la croissance végétative (feuillage) et améliorent la floraison.

Les engrais riches en potassium (K) offrent solidité et résistance.

Note: Plus les chiffres sont bas, plus l'engrais est naturel.

Chimique ou naturel?

Un engrais dit de synthèse est composé de plusieurs minéraux rendus solubles par des méthodes mécaniques et chimiques telles que l'utilisation de solvants, d'acides, etc. afin d'en faciliter l'absorption par les végétaux. Ils déséquilibrent la qualité du substrat et maintiennent les végétaux en vie artificiellement. Parmi ceux-ci, on retrouve 20-20-20, 10-52-10, 15-30-15, 20-5-30 et bien d'autres.

Les engrais organiques sont composés d'éléments naturels tels que les algues, les os, le sang séché, les purins de plantes ou de compost, les plumes et les poissons, etc. Aucun procédé chimique n'est utilisé pour leur transformation. Ils favorisent la vie microbienne ainsi qu'un substrat bien équilibré.

Les engrais organiques biologiques sont quant à eux exempts de pesticides et autres produits contaminants. Utilisés principalement pour la culture des aromates, des herbes, des fleurs comestibles et potagères, ils ne sont pas nuisibles à la santé et ne modifient pas la saveur et l'arôme des aliments.

La pollinisation, un petit geste pour l'environnement!

Les pollinisateurs sont d'une importance capitale dans le processus de reproduction des plantes. Sans eux, la production de graines et de fruits qui nourrissent les animaux et l'humain serait compromise. Il est donc de notre devoir de les inviter à visiter nos compositions de balcon ou de terrasse et de leur fournir toutes les ressources essentielles à leur survie.

De fleur en fleur
Les abeilles volent
Pour donner de leurs nouvelles
Aux prairies qui s'impatientent
Aux sentiers qui s'enrhument
Elles murmurent
À l'oreille des tournesols
Quelque secret bien caché
Que nul ne découvrira
Avant l'hiver ou le printemps.

– Georges Cathalo

Insecticides et répulsifs écologiques

Malgré tous les bons soins et l'amour que vous donnez jour après jour à vos végétaux comestibles, ornementaux et à vos plantes d'appartement, il arrive parfois que certains intrus non désirés ou que quelques maladies prennent d'assaut vos protégés et leur fassent la vie dure. Voici quelques potions maison qui vous aideront à prévenir ou à guérir vos plantes affectées.

Insecticides
Savon insecticide Ajoutez 25 ml de savon à vaisselle liquide dans 4 litres d'eau. Employez en pulvérisation sur les feuilles et le terreau. N'utilisez pas de savon à lessive (trop fort) pour cette solution.
Solution de piments forts Hachez 3 piments forts, ½ oignon et 1 gousse d'ail. Laissez macérer dans l'eau pendant 24 heures. Ajoutez quelques gouttes de savon à vaisselle. Filtrez et utilisez en pulvérisation.
Solution de graines de coriandre et de fenouil Broyez 2 ml de graines et infusez pendant 24 heures dans 1 litre d'eau. Filtrez et vaporisez (araignées rouges et acariens).

Répulsifs
Feuilles de menthe Épandrez simplement au pied des plantes à l'extérieur ou sur le sol dans la maison des feuilles de menthes fraîches. Excellent contre les fourmis.
Solution d'ail Réduisez en purée 1 tête d'ail. Mettez la purée dans 1 litre d'eau. Ajoutez 5 ml de savon à vaisselle. Laissez macérer 24 heures et filtrez. Utilisez en pulvérisation foliaire et au sol.
Macération de ciboulette Faites tremper pendant 24 heures 60 ml de ciboulette dans 1 litre d'eau. Filtrez et vaporisez.

Fongicides
Solution d'ail Réduisez en purée 1 tête d'ail. Mettez la purée dans 1 litre d'eau. Ajoutez 5 ml de savon à vaisselle. Laissez macérer 24 heures et filtrez. Ajoutez 10 ml de bicarbonate de sodium et utilisez en pulvérisation foliaire et au sol.
Macération de cannelle Laissez macérer 10 ml de cannelle dans 1 litre d'eau pendant 12 à 24 heures. Bien mélanger et utilisez en vaporisation sur la plante et au sol.

Quand vient l'hiver

- Videz et rangez les pots de terre cuite et entreposez-les à l'abri du gel. Les contenants de plastique, de béton, de bois, de résine synthétique, de pierre et de métal résistent très bien aux écarts de température, ils peuvent donc être conservés à l'extérieur.
- Les vivaces, les arbustes et les conifères cultivés en contenant dont la zone de rusticité se situe entre 3 et 0 peuvent facilement être conservés plusieurs années à l'extérieur. Un endroit abrité des vents, une bonne accumulation de neige, un récipient isolé résistant au gel et parfois une petite couverture hivernale sont les seules précautions à prendre pour leur assurer un hivernage adéquat.
- Les plantes d'intérieur sont entreposées à l'intérieur avant l'arrivée des températures froides. Elles doivent subir un examen très approfondi avant leur entrée.
- Les bulbes tendres doivent être entrés dès les premières gelées si vous désirez les conserver plus d'une année.
- Créez sur votre balcon des scènes hivernales qui sauront vous enchanter par leur beauté et leur luminosité tout au long de la saison froide.

Codes des pictogrammes

hauteur

largeur

fructification

floraison

exposition soleil

exposition mi-ombre

exposition ombre

zone de rusticité

plantes pollinisatrices

DES PLANTES À SAVOURER

Nul besoin d'un grand espace pour vous adonner à la culture potagère. Un bon terreau, du soleil, de la chaleur, des contenants de bonne dimension et des végétaux adaptés à ce type de culture et le tour est joué... N'oubliez pas qu'un savant mariage de végétaux comestibles et de végétaux ornementaux crée les plus beaux et les plus appétissants jardins de patios et de terrasses.

Faire le bon choix

La culture de plantes potagères au balcon gagne en popularité. C'est pourquoi nombre de jardineries offrent un vaste choix de végétaux comestibles spécialement conçus pour le jardinage en pot. Au moment de la sélection, vous devrez tenir compte de leur dimension à maturité, de leur développement racinaire et de la dimension des pots dans lesquels vous désirez les planter. De par leur port, leur besoin en eau et en nutriments ainsi que leur prestance, certaines plantes potagères doivent être seules dans leur contenant, tandis que d'autres (une grande majorité) bénéficieront de la présence de compagnons pour les stimuler et les accompagner dans leur développement. Renseignez-vous sur les besoins de chaque plante afin de faire un choix éclairé.

À chacune son pot

Jardinières, paniers suspendus, pots, bacs ou tables potagères, tous les contenants peuvent accueillir vos plantes comestibles à condition qu'ils soient suffisamment volumineux pour assurer le développement racinaire des plantes choisies.

- Tomates et concombres : Se plaisent seuls dans un pot de 40 cm de diamètre et de profondeur. Il est parfois nécessaire de les tuteurer.
- Radis, carottes, panais : Une jardinière ou un bac de 30 cm de profondeur sont recommandés.
- Haricots nains et grimpants, épinards, laitues en mélange, bette à carde : Une jardinière de 20 à 25 cm de profondeur leur convient parfaitement.
- Poivrons, piments, aubergines, fines herbes : Un pot de 30 cm de diamètre et de profondeur ou une table potagère assurera la croissance de chaque plant.

Devenez un jardinier urbain branché et osez l'originalité en sortant vos contenants les plus inusités pour y planter aromates, légumes et petits fruits préférés. Souvenez-vous que la récupération et le réemploi sont de petits gestes écoresponsables qui font du bien.

Le bon terreau

Un mélange à parts égales de compost et de terreau conçu pour la culture potagère en contenant, voilà tout ce qu'il vous faut pour réussir votre projet.

Ensoleillement

La plupart des plantes potagères ont besoin de soleil et de chaleur pour produire des fruits et des légumes gorgés de saveur. Tomates, concombres, courges, aubergines, fraises et plusieurs autres légumes et petits fruits exigent un minimum de six heures d'ensoleillement par jour (exposition sud-ouest), tandis que certains autres tels que : le kale, la roquette, les laitues, le persil et la bette à carde ne requièrent que quatre à cinq heures de soleil par jour. Prenez le temps de bien évaluer la durée et l'intensité de l'ensoleillement de votre terrasse ou balcon avant de faire l'achat de vos plantes et ne sélectionnez que des végétaux qui pourront y être heureux.

De l'eau S.V.P.

Au balcon, les arrosages doivent être réguliers et adaptés selon la température, le vent et les intempéries passagères. Puisque nous sommes à la merci des caprices de Dame Nature, on ne peut affirmer qu'un arrosage par jour sera suffisant, bien que ce soit habituellement la fréquence d'arrosage suggérée. En période de sécheresse et de grande chaleur, il faudra parfois effectuer deux arrosages, soit un tôt le matin et un autre plus tard en fin de journée. Lorsqu'il a plu, il est important de vérifier l'humidité du terreau puisque le feuillage des plantes fait parfois office de parapluie et ne permet pas à l'eau d'atteindre la surface du pot.

La fertilisation, tout naturellement

Un apport d'engrais naturel et biologique pour légumes, fines herbes et petits fruits intégré au terreau lors de la plantation et un ou deux ajouts d'engrais riche en potassium au besoin suffiront à assurer la croissance de fruits et de légumes.

Un peu de soins, ça fait du bien

Les désherbages réguliers, le binage de la surface du terreau pour une meilleure absorption de l'eau, le pinçage régulier des tiges de certaines fines herbes pour les ramifier et le retrait rapide des parties endommagées, tels sont les bons soins à prodiguer à vos plantes comestibles. Vous préviendrez ainsi les infestations d'insectes et la prolifération de maladies et pourrez partager les fruits de votre labeur.

Amis pour la vie… le compagnonnage

Quelques associations bénéfiques

- Carottes + oignons + radis
- Haricots + sarriette
- Asperges + tomates
- Aubergines + pois
- Betteraves + choux
- Brocoli + légumineuses + céleri
- Concombres + laitues + légumineuses + brocoli
- Courges + radis + légumineuses
- Épinards + oignons + aubergines + fraises
- Poivrons + carottes + oignons
- Poireau + carottes + céleri

Quelques associations néfastes

- Asperges + oignons
- Betteraves + haricots
- Brocoli + tomates
- Courges + pommes de terre
- Haricots + poireaux
- Oignons + légumineuses
- Tomates + choux

Étapes de réalisation pour une plantation réussie

- Arrosez les plants 24 heures avant leur plantation.
- Préparez et humidifiez le mélange de terreau et de compost.
- Placez un morceau de toile perméable ou de moustiquaire sur le(s) trou(s) de drainage.
- Déposez délicatement le matériel drainant (gravier, styromousse, tessons, etc.) au fond du contenant.
- Recouvrez entièrement le matériel pour drainer la terre d'une toile perméable afin de bien le séparer du mélange terreux.
- Ajoutez le terreau préhumidifié, sans le tasser.
- Placer et plantez les végétaux en respectant leur port et leur dimension à maturité.
- Tassez délicatement mais fermement le terreau autour de chaque plant.
- Laissez un collet d'arrosage de 3 à 5 cm en bordure du pot pour prévenir les débordements lors de l'arrosage.
- Disposez les contenants près de la maison et arrosez les plantes.

AUBERGINE

Solanum melongena

30-50 cm | 25-30 cm | 07 | soleil

Les aubergines sont parmi les légumes-fruits annuels les mieux adaptés à la culture en contenant. Elles arborent de grandes feuilles gris verdâtre délicatement duveteuses et une magnifique floraison violette. Les fleurs, qui apparaissent en juillet, sont inclinées vers le bas et retenues par un pétiole robuste et résistant qui devra éventuellement supporter le poids des fruits.

Culture et entretien

L'aubergine est une grande frileuse qui adore pousser dans un pot exposé aux chauds rayons du soleil. Un apport régulier d'engrais riche en potassium (toutes les deux semaines) lui procurera une bonne solidité et des fruits bien en chair. Assurez-vous qu'elle ne manque jamais d'eau, ce qui pourrait lui être fatal : sans conserver le terreau détrempé, il doit toujours être humide.

Afin de rassasier cette gourmande, ajoutez une bonne quantité de compost biologique à votre mélange pour contenant (moitié-moitié) afin de lui permettre de bien retenir son eau et ses éléments nutritifs. Cette potagère annuelle préfère la solitude en contenant. Optez pour des contenants de plus de 30 cm de diamètre pour sa culture.

Elle se reproduit aisément par semis qui s'effectue à l'intérieur en mars. Des conditions chaudes favorisent sa germination. Afin d'éviter les dommages causés par le froid, attendez que tout risque de gel soit écarté avant de la mettre à l'extérieur.

Puisqu'il existe une grande variété de formes et de couleurs, osez l'originalité. N'hésitez pas à choisir des aubergines rondes ou allongées teintées de rose, de violet ou encore de blanc.

Dans votre assiette

Récoltez les fruits seulement à pleine maturité, lorsqu'ils sont tendres au toucher ; autrement, ils seront durs et amers. L'aubergine se consomme entière, toujours cuite, jamais crue. On peut la griller, la cuire à la vapeur, en papillotes ou encore en faire une délicieuse ratatouille.

Pendant la préparation de vos plats, afin de préserver la couleur de sa chair qui brunit rapidement, badigeonnez les morceaux avec un peu de jus de citron.

BETTE À CARDE

Beta vulgaris cicla

30-45 cm | 25 cm | soleil | mi-ombre

Bien qu'elles soient de plus en plus prisées pour leur feuillage attrayant, très coloré et fortement texturé, les bettes à cardes sont d'abord et avant tout des plantes potagères savoureuses. D'aspect frisé et gaufré, leurs feuilles entièrement comestibles ajouteront une touche d'originalité à vos agencements en pot.

Culture et entretien

Très résistante à la chaleur, la bette à carde reste belle tout au long de la saison estivale (jusqu'à tard en automne). Un terreau riche en compost permet un plant solide, vigoureux et productif. Puisqu'elle est sensible aux excès d'eau qui occasionnent des pourritures au collet, videz régulièrement les soucoupes après les arrosages et la pluie.

Pour un développement optimal, utilisez un pot plus haut que large et au diamètre supérieur à 35 cm. Bien sûr, puisqu'il s'agit d'une plante comestible, une fertilisation mensuelle organique et biologique est de mise. Les algues séchées ou les liquides riches en azote sont d'excellents engrais pour cette plante potagère. Une exposition ensoleillée permet une coloration optimale de ses feuilles et de ses côtes. Par temps sec et très chaud, vérifiez l'arrosage : il n'est pas rare de devoir arroser deux fois par jour les contenants garnis de cette bisannuelle.

Le semis est le seul mode de reproduction pour la *Beta vulgaris cicla*. Semez directement dans le contenant décoratif tôt au printemps à l'extérieur, ou encore – pour des résultats plus rapides – à l'intérieur, en mars. Repiquez lorsqu'il y a quatre vraies feuilles dans de petits contenants de 6 à 8 cm de diamètre et transplantez vos plantules dans vos pots décoratifs au moment de leur installation au balcon. L'achat de plants est également une bonne option pour se procurer de belles variétés de *Beta vulgaris cicla*.

Dans votre assiette

Les feuilles de la bette à carde se récoltent par l'extérieur puisqu'elle croît par son centre. Toutes les parties (feuilles et côtes) sont comestibles, crues ou cuites. De par sa texture et son goût, elle remplace les épinards. Elle est excellente en salade ou avec des pâtes.

CÉLERI FEUILLE

Apium graveolens* var. *secalinum

20-30 cm | 25-35 cm | soleil | mi-ombre

Cette variété bisannuelle de céleri est moins connue que ses confrères que sont le céleri branche et le céleri-rave. Sélectionné pour son port trapu et dense, son feuillage vert vif aromatique fortement dentelé est très décoratif, il est un vrai régal, tant pour les yeux que pour le palais.

Culture et entretien

Bisannuel, le céleri feuille produit en continu une grande quantité de feuilles dès sa première année de culture pour ensuite, l'année suivante, produire de jolies fleurs blanches qui pourront être pollinisées afin d'assurer sa survie.

Sa petite taille et son port compact facilitent sa culture en contenant. Il aime les terreaux riches en compost (moitié-moitié), bien drainés, toujours frais et assez humides. Des arrosages soutenus et réguliers rendent son feuillage croquant et savoureux. Si en cours d'été ses feuilles perdent de leur éclat et de leur vigueur, un ajout d'engrais azoté biologique lui permettra de poursuivre sa croissance jusqu'aux premiers gels.

En période de grandes chaleurs et de sécheresse, les pots qui contiennent des plants de céleri à couper devront être placés dans un endroit mi-ombragé. Le semis intérieur se pratique au début du mois de mars. Déposez ses fines semences sur un terreau préhumidifié et recouvrez-les d'une fine couche de terreau. Pressez-les fermement afin qu'il y ait un bon contact entre les graines et la terre. Gardez le terreau humide en permanence et veillez à assurer une chaleur constante tout au long du processus de germination.

Le semis direct en pot peut également se faire lorsque les risques de gel sont écartés, mais sa germination est très irrégulière. L'achat de jeunes plants est également possible.

Dans votre assiette

Les feuilles tendres de l'*Apium graveolens* var. *secalinum* se développent et se récoltent tout au long de l'été. Elles sont idéales pour aromatiser les soupes, les salades, les veloutés et les plats de légumes rôtis ou sautés. Elles s'ajoutent en fin de cuisson.

CONCOMBRE

Cucumis sativus

100-200 cm | 30-40 cm | 07-08 | soleil

Au fil des ans, plusieurs variétés de concombres parfaitement adaptées pour la culture en contenant ont fait leur apparition dans les jardineries. Leurs tiges plus courtes qui s'agrippent à leurs supports grâce à leurs nombreuses vrilles et leurs fruits de petite taille leur permettent de bien se développer sur le balcon ou la terrasse.

Culture et entretien

Le concombre aime un terreau bien drainé, léger et riche en matière organique (compost). Très gourmand en eau et en fertilisation riche en potassium, il requiert des arrosages réguliers avec une eau tempérée (l'eau froide le rend plus amer) et des apports d'engrais toutes les trois semaines. Lors des arrosages, il faut éviter de mouiller le feuillage, car il est très sensible aux maladies fongiques (champignons).

Plantés de préférence dans des pots de plus de 35 cm de diamètre munis de tuteurs ou d'un obélisque, ils bénéficient de la proximité de plantes qui attirent les insectes pollinisateurs qui viendront féconder leurs délicates fleurs femelles jaunes. Dès avril, on peut effectuer des semis à l'intérieur. Dans un contenant d'environ 8 cm rempli de terreau humide, plantez trois graines à une profondeur équivalente à trois fois la taille de la semence. Pressez-les légèrement et maintenez une température entre 20 à 22 °C en tout temps lors de la germination.

Transplantez le légume dans votre contenant décoratif seulement lorsque tous les risques de gel seront écartés, car le concombre est extrêmement frileux. Le semis direct donne également de bons résultats.

Dans votre assiette

Le concombre se récolte à l'aide d'un sécateur dès sa maturité (selon la variété sélectionnée). Il ne faut pas tarder à le cueillir, car les concombres trop mûrs sont plus amers et moins juteux. Ils se consomment crus en salade, en marinade ou en mayonnaise. Ils peuvent également se consommer cuit. Un velouté de concombres au fenouil est un pur délice.

Au banc d'essai

CONCOMBRE MEXICAIN

Melothria scabra

150-250 cm 25-35 cm soleil

Ce très petit légume-fruit, à peine plus gros qu'une olive, ressemble à une pastèque miniature. On le consomme cru, cuit ou encore en marinade, comme des cornichons.

COURGE D'ÉTÉ

Cucurbita pepo

80-100 cm | 30-60 cm | 07-09 | soleil

Cette plante potagère appréciée pour ses fruits nutritifs est aussi cultivée pour ses fleurs comestibles qui s'ouvrent comme une coupe au printemps. Ses fruits aux formes très variées parfois allongées parfois arrondies se teintent tantôt de jaune, de vert ou même de blanc.

Culture et entretien

La courge d'été adore se faire dorer au soleil. Elle affectionne les terreaux bien drainés et meubles riches en matière organique composés de deux parts de compost pour une part de terre conçue pour la culture en contenant.

La pollinisation se fait grâce aux insectes pollinisateurs qui visitent ses fleurs ; pour maximiser et favoriser la reproduction, placez des plantes mellifères qui attirent les abeilles autour de vos plants de courges.

Au balcon, les variétés naines donnent de bons résultats si le contenant fait plus de 35 cm de diamètre et que le drainage est assuré, car bien qu'elle soit gourmande en eau, elle déteste avoir les pieds trop mouillés. Pour une fructification en août, semez les graines à l'intérieur en mars ou avril, environ huit semaines avant les derniers gels.

Lors du semis, optez pour des contenants de tourbe individuels, car les racines sont fragiles au repiquage. Attendez au début juin pour transplanter vos jeunes pousses tendres et sensibles au froid. Les semences semées directement en pot au début juin porteront des fruits en septembre.

Dans votre assiette

La chair juteuse et la peau lustrée et croquante de la courge d'été ont une saveur douce et sucrée. Elle se récolte de préférence avant sa pleine maturité, lorsque ses grains sont petits ou inexistants et se consomme crue en crudités ou cuite en potage ou en accompagnement. Ses fleurs mâles qui sont portées sur de longs pédoncules seront récoltées et consommées crues en salade, en beignets ou farcies.

Au banc d'essai

PÂTISSON

Cucurbita pepo* var. *ovifera

Les fruits en forme de bonnet ondulé sur le pourtour de cette courge étrange mesureront entre 10 à 20 cm de diamètre lorsqu'ils seront récoltés. En plus de posséder des qualités culinaires voisines de celles des courges d'été, il est très décoratif.

ÉPINARD DE MALABAR ROUGE

***Basella alba* 'Rubra'**

80-200 cm | 50-80 cm | 07 | soleil | mi-ombre

Encore peu connu, ce vigoureux grimpant comestible saura vous séduire. Ses longues tiges pourpres se croisent et s'enroulent autour d'un obélisque ou d'un treillis robuste de l'été jusqu'à tard en automne. De petites grappes de fleurs rosées apparaissent en juillet et se transforment en petites boules noires et lustrées en août. Ses feuilles juteuses en forme de cœur sont d'abord vertes et se teintent de rouge à maturité.

Culture et entretien

Contrairement au véritable épinard qui pousse seulement par temps frais et monte en graines lorsque les températures deviennent trop chaudes, l'épinard de Malabar (rouge ou vert) se développe pendant toute la belle saison.

Sa culture en bac ou en pot est relativement facile. Un bon terreau frais et bien drainé ainsi qu'une exposition ensoleillée qui fera rougir ses tiges sarmenteuses et son succulent feuillage suffisent à combler ses besoins. Peu exigeant, un apport d'engrais naturel à libération lente mélangé au terreau lors de la plantation lui offre tous les nutriments dont il a besoin.

L'achat de plants en centre de jardin est sans nul doute la meilleure façon de se procurer le *Basella alba* 'Rubra' puisque ses semences sont rarement disponibles. Si par bonheur vous débusquez un producteur de semences, semez vos graines préalablement trempées pendant 24 heures à la mi-avril à l'intérieur dans un terreau pour semis préhumidifié.

La plantation au balcon se fera lorsque tous les risques de gel seront écartés (contrairement aux vrais épinards qui résistent aux froids printaniers). Des pots ornementaux profonds (35 cm et plus) facilitent sa culture au balcon.

Dans votre assiette

En cuisine, on utilise ses feuilles épaisses et juteuses, très riches en fibres et en glucides, dans les salades, les soupes, les plats de riz ou avec les pâtes. Cuites ou crues, elles sont le substitut parfait à la bette à carde et, bien entendu, aux vrais épinards.

GINGEMBRE VÉRITABLE

Zingiber officinale

60-90 cm	20-30 cm	mi-ombre	ombre

Produire ses propres racines de gingembre est une expérience amusante et enrichissante. Le processus de germination est long, mais vos efforts et votre persévérance seront récompensés.

Culture et entretien

De culture très facile, la plantation des rhizomes issus de l'agriculture biologique (leur germination est excellente, car les autres rhizomes comestibles ne sont pas irradiés pour empêcher leur germination) se fait à l'intérieur en janvier ou février dans des pots de 20 cm de diamètre remplis de terreau pour contenant enrichi de compost (1 pour 1).

Choisissez de gros rhizomes sains et fermes ayant plusieurs yeux (excroissances qui produiront de jeunes feuilles) et coupez-les en morceaux qui devront avoir au moins trois yeux chacun. Laissez sécher vos découpes deux à trois jours et plantez-les. Placez vos contenants près d'une fenêtre orientée à l'ouest et arrosez la terre avec modération en laissant sécher la moitié du pot entre les arrosages.

Au printemps, lorsque les risques de gel seront écartés, transplantez vos plantules dans des pots de 30 cm et placez-les dans un endroit semi-ombragé. Portez une attention particulière à l'arrosage, car le gingembre n'aime pas les excès d'eau ni la sécheresse. Il atteint sa maturité et est prêt à être récolté généralement quatre à cinq mois après sa plantation.

Dans la maison

Au moment de la récolte, si vous conservez une partie de vos rhizomes en pot, cessez les arrosages et entreposez vos contenants à l'intérieur. Un emplacement peu lumineux et des températures avoisinant les 15 °C lui conviennent parfaitement afin qu'il puisse se reposer et donner de nouvelles racines l'été suivant.

Dans votre assiette

Juteuses et charnues, les jeunes racines de gingembre se consomment crues ou cuites et ont un goût beaucoup plus doux que les racines plus vieilles. En marinades, confits, dans les soupes, avec des viandes ou des poissons et même en dessert, le gingembre parfume les plats et ravit les palais. Les breuvages chauds ou froids à base de gingembre sont stimulants et rafraîchissants. Ses rhizomes se conservent au réfrigérateur deux à trois semaines et peuvent être congelés entiers ou en morceaux.

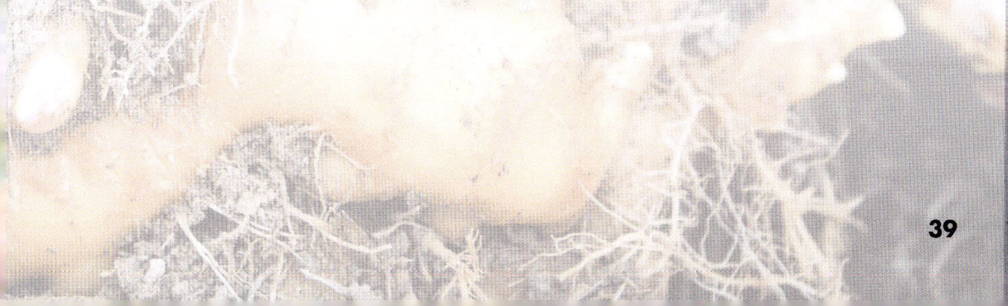

CHOU KALE, CHOU FRISÉ

Brassaia oleracea* var. *sabellica

70-100 cm	35-60 cm	soleil	mi-ombre

Ce curieux chou frisé qui ne forme pas de pomme est de plus en plus populaire et sa réputation de super aliment est reconnue partout. Ses grandes feuilles, parfois vert bleuté ou pourpres selon le cultivar sélectionné, sont très ornementales et fort appréciées des cuisiniers amateurs et des grands chefs.

Culture et entretien

Comme la plupart des choux, le chou kale aime les terreaux riches en matières organiques (compost), frais et bien drainés. Peu gourmand en nutriments et bien qu'il puisse tolérer quelques épisodes de sécheresse, il est très assoiffé.

En période de grande chaleur, il est préférable de le protéger des chauds rayons du soleil en déplaçant vos contenants à la mi-ombre. Très rustique et résistant aux froids printaniers, il peut être semé et cultivé très tôt en pot sur la terrasse (début mai) et récolté jusqu'en décembre.

Au moment du semis, recouvrez les graines d'au moins 5 cm de terreau humide et pressez-les fermement. Le chou kale peut également être semé à l'intérieur, six semaines avant les derniers gels, et être transplanté au balcon à la mi-mai. Sachez toutefois que ses racines n'aiment pas être dérangées. C'est pourquoi le semis direct est la meilleure option pour le reproduire. Puisqu'il pousse sur une longue et vigoureuse tige, des pots de 30 cm de diamètre et de profondeur lui conviennent parfaitement.

Dans votre assiette

Son goût plus doux et moins amer que les autres variétés de chou est accentué lorsqu'il a subi un léger gel. Puisqu'il croît en forme de rosette, on cueille ses feuilles tout au long de la belle saison en commençant par le bas. C'est lorsqu'il est cuisiné en salade, en smoothie, grillé et saupoudré de sel pour en faire des croustilles ou encore cuit en remplacement de la bette à carde ou de l'épinard que ce chou peut être apprécié à sa juste valeur. La tige centrale très coriace ne se consomme pas.

LAITUE

Lactuca sativa

15-25 cm | 20-30 cm | soleil | mi-ombre | ombre

Ce savoureux légume feuille se présente sous différentes formes, textures et couleurs. Pommée, frisée, semi-frisée, la laitue est toujours délicieuse et croquante sous la dent. Très décorative, la laitue prend tantôt des teintes de vert tantôt de pourpre et parfois un peu des deux.

Culture et entretien

Contrairement à la plupart des légumes, la laitue est très peu exigeante en lumière et en chaleur. Des emplacements trop ensoleillés ou trop chauds provoquent sa montaison en fleurs puis en graines, ce qui rend ses feuilles amères et plus coriaces. Il est préférable de lui fournir quatre à six heures d'ensoleillement par jour et de la protéger des chauds rayons du midi. En période de grande chaleur et de sécheresse, déplacez vos contenants de laitue dans des endroits plus frais et ombragés.

Un bon terreau drainant, léger et moyennement riche en compost ainsi que des arrosages réguliers lui permettront de produire des plants denses et plus résistants. Le semis peut s'effectuer soit à l'intérieur six à huit semaines avant le dernier gel, soit directement à l'extérieur en jardinière suspendue, en balconnière ou en pot au début de mai.

Les semences ne doivent pas être recouvertes, car elles ont besoin de la lumière pour germer. Pour des récoltes plus longues et abondantes, ressemez quelques graines deux semaines plus tard et utilisez plusieurs variétés telles que : laitue romaine, en feuilles, à feuilles de chêne ou encore Boston. Pendant sa croissance, la laitue ne demande aucun apport d'engrais précis, un peu de compost lui suffit.

Dans votre assiette

Les variétés à feuilles poussent plus rapidement et peuvent être récoltées en cueillant les feuilles extérieures ou le plant entier. Les laitues pommées ou semi-pommées maturent plus lentement et leur récolte se fait en cueillant le plant complet.

On la consomme habituellement crue en salade ou en accompagnement. On peut aussi en faire des mescluns, un mélange de plusieurs laitues et d'autres verdures comme la roquette, le cresson, l'épinard et la chicorée. Les laitues à feuilles épaisses peuvent être cuites pour en faire de délicieux potages ou des croustilles saupoudrées de sel.

POIVRON ET PIMENT

Capsicum annuum

30-75 cm | 20-45 cm | soleil

Allongés, ronds, petits, gros, doux, forts, peu importe, les piments et les poivrons ravissent et enflamment nos papilles gustatives. Au fil du temps, ils se sont transformés pour prendre des formes très variées et des couleurs allant du crème au violet en passant bien entendu par le rouge, le jaune et l'orangé.

Culture et entretien

Les plus grands ennemis des poivrons et des piments sont le froid et le vent qui font chuter ses fleurs prématurément, avant même la pollinisation. Leur culture en contenant sur le balcon ou la terrasse est une excellente solution pour contrer ces facteurs menaçants puisque nous pouvons placer ou déplacer nos pots selon les exigences de chacun. Très facile à cultiver, ils requièrent un terreau léger et moyennement riche en compost et des pots de 30 cm et plus de diamètre. Les plants de piments étant plus petits que ceux des poivrons, ils peuvent être cultivés en balconnière et en suspension. Des arrosages réguliers, surtout en période de sécheresse, une exposition très ensoleillée et deux apports d'engrais riches en potassium en cours de croissance vous permettront d'avoir une production abondante. Le semis intérieur se pratique en mars et leur transplantation finale au balcon se fait deux semaines après les derniers gels.

Dans votre assiette

Les piments et les poivrons peuvent se consommer crus ou cuits lorsqu'ils ont atteint la coloration désirée. Ils se mangent sautés, en potage, en salade ou encore en vinaigre aromatisé. Pour avoir des fruits plus sucrés ou plus pimentés, récoltez-les le soir et réduisez l'arrosage deux semaines avant la récolte finale.

Au banc d'essai

PIMENT 'BIQUINHO IRACEMA'

***Capsucim annuum* 'Iracema Biquinho'**

60-75 cm | 40 cm | soleil

Ce mignon piment au port compact et aux fruits pointus décoratifs et succulents (2 à 3 cm de long) a un goût à la fois doux, relevé et légèrement acidulé qui rappelle un peu la rhubarbe. Il est préférable de le consommer cru pour en apprécier toute la saveur.

POIS MANGE-TOUT 'LITTLE MARVEL'

Pisum sativum **'Little Marvel'**

75-80 cm | 20 cm | soleil

Après une abondante floraison blanche et hâtive en juin, de belles gousses vert tendre bien dodues et fermes solidement attachées aux longues tiges de ce pois mange-tout ne demandent qu'à être dégustées.

Culture et entretien

Parfait pour la culture en contenant, ce pois semi-nain est très productif. Peu gourmands, le pois mange-tout 'Little Marvel' et les autres pois demandent un terreau pour contenant drainé et léger. Un ajout de compost lors de la plantation et des arrosages soutenus avant la floraison et réguliers par la suite sont la clé du succès. À l'apparition des jeunes gousses, un peu d'engrais riche en potassium lui sera profitable et le rendra plus vigoureux. Le semis est le seul mode de reproduction pour les pois. Ils se sèment directement à l'extérieur au balcon en mai, environ trois semaines avant les derniers gels, car il préfère la fraîcheur à la chaleur. Sa germination est très rapide et sa floraison plutôt hâtive. Les graines peuvent être semées très proches les unes des autres sans pour autant nuire à leur croissance. Un tuteur est nécessaire pour que les pois puissent grimper aisément. Des contenants de 25 à 45 cm de diamètre ou des balconnières de 10 cm et plus de profondeur sont idéaux pour assurer son développement et sa production.

Dans votre assiette

Le pois mange-tout 'Little Marvel' donne des gousses bien remplies, sucrées et croquantes qui sont consommées entières ou écossées. Crues dans des salades en crudités ou bien cuites dans des sautés de légumes, les gousses sont toujours savoureuses. Il est également possible de les laisser sécher sur le plant, de les écosser et d'en faire une bonne soupe aux pois maison.

Au banc d'essai

POIS MANGE-TOUT 'BLUEPOD CAPUCIJNER'

Pisum sativum **'Bluepod Capucijner'**

150-200 cm	20 cm	soleil

Un peu plus rare sur le marché, mais tellement décoratif et savoureux, ce joli pois mange-tout est sucré et tendre à souhait. Ses belles fleurs bicolores rose et lilas et ses gousses violacées sont uniques. Il est préférable de consommer ses gousses entières lorsqu'elles sont très jeunes ou bien écossées à maturité.

TOMATE

Solanum lycopersicum

30-200 cm | 25-40 cm | soleil

Incontournables, les tomates sont les légumes-fruits les plus cultivés. Rouges, jaunes, roses, noires, vertes, peu importe leur couleur, leurs forme et leur taille, elles se cultivent facilement au balcon.

Culture et entretien

La tomate a besoin d'espace pour bien se développer. De gros pots de plus de 40 cm de diamètre et de profondeur permettront à vos plants de bien s'établir et de se développer pleinement. Un mélange terreux composé d'une part de compost et d'une part de terreau conçu pour la culture en contenant est recommandé afin de conserver l'humidité et les nutriments dont la tomate a besoin. Beaucoup de chaleur et de soleil, des arrosages soutenus sans toutefois détremper le terreau et une fertilisation riche en potassium (engrais naturel pour tomates) appliquée aux trois semaines, voilà ce qui comblera cette grande gourmande.

Le semis se fait à l'intérieur au début du mois d'avril pour les variétés indéterminées et à la mi-avril pour les variétés déterminées. Dans un terreau pour semis et boutures préhumidifié, semez les graines en surface et recouvrez-les d'une fine couche de terreau. Offrez une chaleur de fond à vos semis et gardez le terreau humide en tout temps (mais non détrempé).

Lorsque la germination est amorcée, placez vos plantules près d'une fenêtre bien éclairée. Après l'apparition des deux premières vraies feuilles (celles qui ressemblent aux feuilles de la tomate), il est temps de repiquer vos plantules dans des pots de 8 cm. D'abord, arrosez votre plant profondément avant la transplantation. Remplissez le nouveau contenant de terreau humide et faites un trou à l'aide d'un crayon. Retirez les cotylédons (feuilles rondes à la base du plant) et transplantez profondément vos plantules (jusqu'aux premières vraies feuilles) pour une meilleure reprise et une bonne résistance.

Lorsque les risques de gel sont passés et que les températures nocturnes sont au-delà de 12 °C, acclimatez vos tomates en les sortant d'abord à l'ombre (pendant une semaine), puis exposez-les graduellement au soleil pour le reste de leur croissance. N'oubliez pas que les deux principaux ennemis de la tomate sont le vent et le froid.

Des tomates déterminées ou indéterminées?

Tomate déterminée: Compacte et hâtive. Hauteur maximale de 1 m. Ne nécessite aucune taille. Tuteurage nécessaire à l'aide de cages à tomates. Donne une production abondante sur une courte période. La plus recommandée pour la culture en contenant.

Tomate indéterminée : Tomate à croissance continue et tardive (selon le climat de la région). Hauteur de 2 m et plus parfois. Donne une production abondante et prolongée. Il faut tailler régulièrement les gourmands à la base du plant et à l'aisselle des tiges afin de favoriser la mise à fruits. Tuteurage nécessaire en tout temps avec de longs et solides tuteurs. Peut facilement se cultiver au balcon.

Dans votre assiette

Pour une saveur optimale, laissez les fruits mûrir complètement sur le plant avant de les déguster. Une tomate gorgée de chaleur n'a pas son pareil. Crue ou cuite, la tomate est un aliment passe-partout qui peut être cuisiné de mille et une façons.

Le saviez-vous ?

- Les tomates indéterminées sont généralement plus savoureuses que les variétés de type déterminé.
- Les tomates rouges sont parmi les plus juteuses.
- Les tomates roses sont plus en chair et plus douces au goût.
- Les tomates jaunes sont parmi les plus sucrées.
- Les tomates orange ont une douce saveur à la fois sucrée et acidulée.

Des problèmes ? Quels problèmes ?

- Tomate qui se fend = arrosage trop abondant et irrégulier. Fertilisation trop azotée.

Solution : Arrosez-les tôt le matin de préférence et assurez-vous que vos plants ne manquent jamais d'eau. Utilisez des engrais riches en azote en début de croissance seulement.

- Taches noires sous le fruit = arrosage irrégulier lors de la formation des fruits.

Solution : Maintenez une humidité constante du terreau.

- Fruits qui tombent avant de mûrir = manque d'engrais riche en potassium.

Solution : Fertilisez avec un engrais naturel pour tomate trois à quatre fois pendant la période de croissance.

☛ Peu de fruits = mauvaise coupe des gourmands. Manque de soleil (six à huit heures par jour). Fertilisation trop riche en azote. Saison de culture trop courte pour la variété sélectionnée.

Solution: Choisissez des variétés déterminées et favorisez les engrais riches en potassium. Pratiquez le compagnonnage en plantant laitue, basilic, tagètes, thym, oignon, ciboulette et persil à proximité.

☛ Mildiou et autres maladies fongiques = plantation trop dense. Terreau trop humide. Feuillage mouillé lors des arrosages.

Solution: Respectez la distance de plantation recommandée. Évitez de mouiller le feuillage (surtout en soirée). Effectuez des arrosages réguliers. Effectuez une rotation des cultures au potager chaque année pour réduire la prolifération de maladies.

☛ Les tiges qui cassent = manque de fertilisation ou mauvais tuteurage.

Solution: Appliquez des engrais riches en potassium. Choisissez vos supports selon la hauteur du plant à maturité.

Au banc d'essai

TOMATE CERISE PETIT MOINEAU

Solanum pimpinellifolium

120-150 cm | 20-30 cm | soleil

Une belle variété de tomate cerise qui produit une multitude de petites tomates réunies en grappes à peine plus grosses qu'un bleuet de corymbe. Très sucrées, elles se dégustent comme des bonbons. Les enfants en raffolent.

PETITS FRUITS ET CIE

La culture des petits fruits et des agrumes est à la portée de toutes les jardinières et de tous les jardiniers, même si vous ne possédez qu'un balcon ou une terrasse ! Cultivés en pot, bleuets, framboises, fraises, citrons, figues et autres fruits délicieux ne demanderont qu'à vous charmer et à vous combler. Dans cette section gourmande, vous apprendrez comment cultiver vos mini-arbres fruitiers ou vos petits plants de fruits qui prendront plaisir à se chauffer au soleil, confortablement blottis au cœur de votre jardin urbain.

Faire le bon choix pour l'intérieur et l'extérieur

Peu exigeants, les petits fruits et les arbres fruitiers de formats réduits gagnent à être cultivés partout. Que vous désiriez les faire pousser à l'intérieur ou créer un mini-verger sur la terrasse, le principe de base reste toujours le même : celui de choisir des variétés de petites tailles parfaitement adaptées à la culture en contenant et leur prodiguer les soins dont elles ont besoin.

Une bonne planification et un choix judicieux vous permettront d'échelonner vos récoltes du printemps jusqu'à l'hiver, et même plus. Et pour ajouter au plaisir de jardiner ces belles gourmandes, plusieurs d'entre elles sont rustiques et résistent bien aux gels, année après année. Voilà tout plein de bonnes raisons pour les inviter au balcon.

Ce qu'il y a de mieux pour eux

Un bon ensoleillement, de la chaleur, un emplacement abrité des vents et des intempéries ainsi que la visite de nos amis les pollinisateurs, voilà ce qui fait le bonheur de ces plantes savoureuses et décoratives.

Bien entendu, il est important de les arroser régulièrement, mais attention à ne pas laisser d'eau stagnante dans la soucoupe. À l'occasion, un peu d'engrais pour petits fruits et quelques coups de sécateurs leur redonneront force et vigueur. À l'arrivée de l'hiver, quelques-unes d'entre elles, moins rustiques, comme les agrumes et le figuier, demanderont à être rentrées et conservées à des températures ambiantes comprises entre 10 et 20 °C.

BLEUETIER 'JELLY BEANS'

***Vaccicum corymbosum* 'Jelly Beans'**

40-60 cm | 50-60 cm | 07-08 | soleil | 4

Ce petit bleuetier de la série BrazelBerries a été spécialement développé pour la culture en contenant. Très productif, il arbore de gros fruits savoureux bleu foncé à la mi-saison. Son feuillage vert brillant aux accents rougeâtres en automne et sa floraison discrète en forme de clochettes crème réunies en grappes qui se déploient en mai-juin créent de jolis décors printaniers au balcon.

Culture et entretien

Un emplacement chaud et ensoleillé, protégé des vents dominants, convient parfaitement à ce petit arbuste fruitier. Lors de la plantation, l'ajout d'un mélange de compost et de mousse de sphaigne au terreau pour bac et jardinière est recommandé afin de créer un milieu de culture acide, riche, humifère et drainant.

Une fertilisation granulaire à libération lente riche en azote et en potassium lors de la plantation ainsi qu'une dose de potassium en juillet (engrais pour tomates) donneront des fruits très colorés. En hiver, il faut recouvrir le pot et le plant d'une toile afin de le protéger des écarts de température. Des contenants de plus de 50 cm de diamètre et de profondeur, isolés du froid par du polystyrène en pourtour, sont nécessaires pour résister à l'hiver et permettre une bonne production.

Puisque le bleuetier porte ses fruits sur les pousses de l'année, la taille s'effectue immédiatement après la production et la récolte de ses fruits. On coupera ⅓ des rameaux qui ont produit des fruits.

Dans votre assiette

Puisque ses fruits passent du crème au prune pour terminer bleu foncé et presque noirs à la mi-saison, il est préférable d'attendre trois à quatre jours après leur bleuissement avant de les récolter et de les déguster. Frais ou congelés, les bleuets sont toujours savoureux.

En association

Pour de meilleurs résultats, la solitude lui est bénéfique. Toutefois, puisqu'il atteint sa maturité après trois à quatre années de culture, il peut être accompagné de quelques annuelles fleuries et délicates qui viendront lui chatouiller les pieds au cours des premières années. Cultivez aussi des plantes qui attirent les pollinisateurs à proximité pour une belle fructification.

CALAMONDIN

Citrus mitis

100-150 cm | 40-60 cm | 10-03 | soleil

L'oranger d'appartement est un hybride entre le mandarinier et le kumquat. Il produit de belles fleurs blanches et agréablement parfumées en été et de petites oranges comestibles au goût fortement acidulé durant l'hiver. Son feuillage persistant est très décoratif tout au long de l'année.

Culture et entretien

La culture du calamondin est très facile. Il se cultive en contenant à l'intérieur en hiver et sur la terrasse en été. Un terreau riche en compost et drainant favorise son développement racinaire. Des arrosages soutenus, surtout pendant la première année, contribuent à garder son feuillage et ses tiges fermes et en santé. Toutefois, il ne doit jamais avoir les pieds dans l'eau.

En été, trois apports d'engrais spécialement conçu pour la culture des agrumes amélioreront considérablement sa floraison et sa fructification. Pour de bons résultats, un rempotage en mars tous les trois à quatre ans dans un pot un peu plus volumineux est recommandé.

Une taille de formation très légère peut être effectuée immédiatement après la production de ses fruits. Comme tous les agrumes cultivés en pot, le *Citrus mitis* doit obligatoirement séjourner à l'extérieur en été afin d'assurer la pollinisation de ses fleurs. Une bonne fécondation assurera une abondante production de petits fruits.

Dans la maison

Avant les gels, le calamondin doit être rentré et disposé près d'une fenêtre ensoleillée. Le pot devra être installé sur une soucoupe remplie de billes d'argiles ou de gravier, afin de recueillir le surplus d'eau et de produire de l'humidité atmosphérique autour du plant pour éviter le dessèchement de son feuillage.

Il est tout à fait normal qu'il perde quelques feuilles lorsqu'il est déplacé, mais tout rentrera dans l'ordre rapidement. Sa sortie au balcon doit se faire en douceur (1re semaine à la mi-ombre) lorsque les gels printaniers sont chose du passé.

Dans votre assiette

Ses fruits accompagnent les fruits de mer, les poissons et les viandes. Il peut remplacer adéquatement la lime. Son acidité permet de cuisiner des confitures ou des chutneys. Le zeste acidulé sert également à aromatiser les pâtes ou les salades de fruits.

CAMÉRISIER

Lonicera caerulea

100-130 cm	100 cm	06	soleil	mi-ombre	2

Très tôt au printemps, en mai, ce bel arbuste fruitier se couvre de nombreuses fleurs crème. Sitôt la floraison terminée, début juin, de savoureuses baies bleutées de forme allongée pourront être récoltées et dégustées.

Culture et entretien

Encore très peu connu et planté au Québec, le camérisier est très rustique et sa culture dans des contenants isolés de plus de 50 cm de diamètre est simple.

Tout d'abord, sachez qu'il faut un plant mâle et un plant femelle cultivés à proximité l'un de l'autre (pas dans le même pot) pour assurer une belle récolte, car les plants de *Lonicera caerulea* ne sont pas autofertiles. Un terreau bien drainant, enrichi d'un peu de compost et des arrosages réguliers (surtout les deux premières années après la plantation) donneront d'excellents résultats.

Bien qu'il soit d'une grande résistance aux froids, il faut tout de même le protéger à l'aide d'un géotextile blanc recouvert de plastique sur un côté (du côté opposé au plant). Chaque printemps, il est recommandé de lui fournir un apport de compost en surface pour lui donner les nutriments dont il aura besoin pour son développement. La taille n'est pas nécessaire, mais le nettoyage des branches endommagées ou mortes doit se faire régulièrement. C'est par bouturage que la multiplication du camérisier s'effectue.

En juillet, prélevez quelques extrémités de tiges (10 cm), trempez-les dans une hormone d'enracinement pour plantes semi-ligneuses et laissez-les s'enraciner dans un petit contenant placé à la mi-ombre. Protégez vos jeunes plants avec une toile pour leur permettre d'hiverner lors de la saison froide.

Dans votre assiette

Ses fruits semblables à ceux du bleuet mais plus filiformes ont un goût acidulé agrémenté d'un soupçon de sucre. On récolte les baies lorsqu'elles sont bien bleues et que l'intérieur est de couleur pourpre, sans aucune trace de vert. En confiture, en gelée, en smoothie ou dans les tartes aux fruits, ses petites baies hâtives sont délicieuses, crues ou cuites. Elles se congèlent facilement.

CANNEBERGE

Vaccicum macrocarpon

20-30 cm	60-80 cm	09-10	soleil	mi-ombre	2

Communément appelée « atocas », la canneberge à gros fruits est connue depuis longtemps, mais sa culture en contenant est récente. De juin jusqu'au début août, ce bel arbuste rampant se couvre de jolies fleurs blanc rosé réunies en grappes qui s'ouvrent et attendent patiemment d'être pollinisées. Plus tard, de grosses baies rouges bien rondes ne demandent qu'à être récoltées.

Culture et entretien

Pour réussir la culture de la canneberge au balcon, la présence de deux plants favorisera la pollinisation croisée, ce qui donnera une production abondante. Un terreau au pH acide, composé à parts égales de mousse de sphaigne et de terreau pour contenant, est essentiel pour assurer sa survie.

La canneberge craignant la sécheresse, des arrosages très fréquents et abondants garderont ses racines toujours humides. Toutefois, ne les laissez jamais baigner dans l'eau, car contrairement à la croyance populaire, la canneberge n'est pas une plante aquatique. Un paillage de compost à sa base protégera ses racines des chauds rayons du soleil. Les apports d'engrais ne sont pas recommandés, car ils ne feraient que stimuler le feuillage au détriment de sa fructification.

Bien qu'elle puisse être cultivée au soleil, une protection contre les chauds rayons du midi l'empêchera de se dessécher et de brûler. Avant l'hiver, une bonne protection contre le froid à l'aide d'une toile géotextile blanche lui permettra de bien résister aux fréquents écarts de température.

Des pots isolés de plus de 50 cm de diamètre conviennent bien pour sa culture au balcon. La multiplication de cet arbuste fruitier se fait facilement par marcottage. Il suffit de laisser courir une tige sur le terreau et d'attendre qu'elle s'enracine. Par la suite, prélevez la partie enracinée et transférez-la dans un petit contenant rempli de terreau acide. Protégez vos jeunes pousses du froid.

Dans votre assiette

Qui ne connaît pas la gelée de canneberge? Mais sachez qu'il est également possible d'en faire d'excellentes confitures, des tartes exquises et des smoothies savoureux. Enrobées de chocolat noir, elles ravissent les palais les plus délicats. Elles peuvent être consommées crues, cuites ou séchées.

CITRONNIER DE MEYER

Citrus* x *meyeri

100-120 cm | 80-100 cm | 01-12 | soleil | mi-ombre

Ce petit citronnier est extrêmement productif. Sa floraison parfumée et sa fructification sont en continu, été comme hiver. À maturité, sa pelure lisse et lustrée devient jaune orangé. En hiver, il fait une magnifique plante d'intérieur à fleurs.

Culture et entretien

Facile à cultiver, cette variété de citron, l'une des plus sucrées, n'a pas besoin de beaucoup de chaleur pour mûrir, mais réclame une bonne dose de soleil.

Comme beaucoup de citronniers, la variété Meyer croît lentement, mais offre une production abondante. Pour permettre à ses fleurs d'être pollinisées et de se transformer en fruits savoureux, un séjour prolongé à l'extérieur en été est obligatoire. Une bonne protection contre les vents dominants facilitera sa fécondation et préviendra la chute prématurée de ses fleurs et le dessèchement de son feuillage.

Un terreau léger et drainant enrichi d'un peu de compost lui convient parfaitement. Des arrosages profonds et réguliers sans laisser d'eau stagnante dans la soucoupe préviennent son dessèchement et le rendent plus productif. Un ajout d'engrais pour agrumes en mars et en juin lui redonnera force et vigueur afin qu'il puisse porter ses nombreux fruits.

La taille de ses branches endommagées ou mortes ou devenues trop longues se fera de préférence en hiver.

Dans la maison

Bien qu'il soit considéré comme le plus rustique des citronniers, il faut le rentrer à l'intérieur avant les gels. Des températures fraîches (15 °C) et une bonne luminosité sont les deux facteurs les plus importants pour sa culture intérieure. Sitôt les gels passés, il faudra le remettre au balcon.

Dans votre assiette

La récolte de ses petits fruits arrondis se fait toute l'année. Ces derniers atteignent leur maturité lorsqu'ils prennent une teinte orangée. Leur pulpe juteuse est beaucoup moins acide, voire plus sucrée que celle des autres citrons. Ils peuvent se conserver jusqu'à 10 jours à température ambiante et plus d'un mois au réfrigérateur. Le jus pressé peut se congeler facilement.

FIGUIER COMESTIBLE 'BROWN TURKEY'

Ficus carica 'Brown Turkey'

120-200 cm | 90-120 cm | 07-09 | soleil

Ce figuier autofertile qui produit biannuellement est parfait pour la culture en contenant. Ses fruits charnus deviennent brun rouge à maturité et sa chair sucrée, sans graines, prend une belle teinte rosée.

Culture et entretien

Le *Ficus carica* 'Brown Turkey' se développe bien dans un terreau drainé et léger. En période de floraison et de fructification, des arrosages réguliers et profonds lui sont profitables. Veillez à vider la soucoupe 30 à 40 minutes après les arrosages.

Bien qu'il soit de grande taille, il préfère être à l'étroit dans son pot afin de se concentrer sur la mise à fruits. Au printemps, juste avant sa sortie à l'extérieur, une fertilisation riche en azote et en phosphore favorisera une belle feuillaison et, par la suite, trois à quatre apports d'engrais riche en potassium le rendront fort et vigoureux.

Il faut éviter de déplacer le plant lorsqu'il est en période de fructification, car le fruit se détachera de son pédoncule et tombera à cause du phénomène de phototropisme (mouvement de la plante vers la lumière).

Une exposition ensoleillée rendra les fruits beaucoup plus sucrés. La multiplication par boutures de tiges est très facile à effectuer. En été, prélevez un bout de tige de 20 cm, retirez les feuilles et plantez-le profondément (15 cm) dans un petit pot que vous conserverez à l'ombre jusqu'aux gels.

Dans la maison

Le figuier comestible perd quelques feuilles lors de sa rentrée (avant les gels) et de sa mise au repos dans une pièce éclairée mais fraîche (5 °C à 10 °C). Les fruits présents sur le plant continueront de mûrir pendant l'hiver et pourront être consommés au printemps.

Dans votre assiette

Les fruits particuliers du figuier se consomment de préférence crus pour en goûter toute la saveur, en confiture, en tarte ou cuits sur le gril (un pur délice). On peut également l'ajouter aux terrines maison ou encore aux mousses de foie gras.

FRAISIER

Fragaria x ananassa

20-25 cm | 20 cm | 06-09 | soleil | 4

Il existe plusieurs variétés de fraisiers spécialement adaptées pour la culture en contenant. Leur principal intérêt est bien entendu la saveur de leurs fruits, mais aussi leur production en continu. Eh oui ! Tout au long de la saison chaude, de juin jusqu'aux premières gelées automnales, des fleurs tantôt blanches tantôt rose foncé et des fruits savoureux se côtoient sur un même plant pour assurer une production longue et abondante.

Culture et entretien

En été, pour favoriser une belle production, le plein soleil lui est indispensable. Une fertilisation par semaine est recommandée puisque ce sont des plantes gourmandes. Il est important d'utiliser un engrais biologique riche en éléments majeurs (N-P-K) en alternance avec un engrais riche en potassium pour avoir des pétioles bien solides qui supporteront les fraises.

Si vous remarquez que les tiges qui portent les fruits sont longues et fragiles, réduisez la fertilisation pendant un certain temps. Sa multiplication est possible par la division de ses nombreux stolons. Vivace, cette plante se divise tôt au printemps ou tard en automne.

Elle ne peut être conservée à l'intérieur en hiver puisqu'une période de repos au froid lui est nécessaire. Protégez les plants en contenant à l'aide d'une bonne couverture blanche qui lui permettra d'hiverner ou encore d'un grand cône à rosiers. Les paniers suspendus, les balconnières et les pots appelés « fraisiers » sont les récipients adéquats pour leur culture. Aucun autre végétal ne peut cohabiter avec les fraisiers, car leur port rampant et leurs nombreux stolons auront vite fait de les étouffer et de les éliminer.

Dans votre assiette

Crus, cuits ou congelés, ces petits fruits légèrement acidulés sont exquis. Ils sont parfaits pour confectionner des salades de fruits, des tartes, des vinaigres aromatisés et bien d'autres mets savoureux.

Au banc d'essai

FRAISIER 'TOSCANE'

***Fragaria* x *ananassa* 'Toscane'**

25-30 cm	20-25 cm	06-09	soleil	3

Ce magnifique cultivar produit une multitude de fleurs rose très foncé et des fruits sucrés et juteux.

FRAMBOISIER 'SHORTCAKE'

Rubus idaeus 'Shortcake'

60-90 cm	50 cm	07-08	soleil	5

Ce cultivar de la collection Brazzel Berries au port compact et érigé est le premier framboisier à ne posséder aucune épine. Ses gros fruits rouge flamboyant bien dodus feront la joie de toute la famille.

Culture et entretien

Parfait pour la culture en contenant sur la terrasse ou au balcon, ce framboisier se cultive facilement et offre un très bon rendement. Autofertile, il n'a pas besoin d'un autre plant pour sa pollinisation. Un terreau léger et bien drainé conçu pour la culture en contenant et une bonne dose de compost aideront à son bon développement.

Des pots de 40 cm ou plus de diamètre et de profondeur assureront une bonne croissance racinaire. Craignant les excès d'eau, il préfère les arrosages abondants et réguliers surtout en période de grande chaleur. Très compactes et robustes, ses tiges n'exigent aucun tuteurage. Un ou deux apports d'engrais biologique pour petits fruits en début d'été assureront une bonne production et faciliteront son hivernage.

Comme ses fruits se développent sur les tiges de l'année précédente, il est recommandé de les rabattre au sol complètement après la fructification afin de favoriser la pousse de nouvelles tiges qui produiront des fruits l'année suivante.

Avant l'arrivée des gels hivernaux, enveloppez vos pots dans une couverture blanche hivernale afin de leur permettre de bien résister au froid et aux écarts de température. Tôt au printemps, lorsque tout risque de gel sera écarté, la toile devra être retirée afin d'éviter l'apparition de moisissures et de contrôler les réchauffements hâtifs et prématurés qui fragiliseront les plants.

Dans votre assiette

Les fruits se récoltent lorsqu'ils se détachent facilement de leur réceptacle. Le goût sucré et légèrement vanillé des fruits du framboisier Shortcake est tout simplement sublime. Crues, cuites ou congelées, les framboises sont idéales pour la confection de tartes, de confiture, de gelée et de desserts de toutes sortes.

FINES HERBES ET FLEURS COMESTIBLES

Quoi de plus stimulant que de froisser quelques feuilles d'herbes fraîches pour humer leur parfum, l'espace d'un instant, ou de cueillir quelques fleurs pour attiser nos sens et enjoliver nos plats préférés ? Annuelles ou vivaces, ces belles plantes comestibles ont toujours une place de choix sur le balcon ou la terrasse. Leurs qualités gustatives et ornementales les rendent indispensables dans les agencements en pot. De plus, elles sont des aidantes naturelles qui repoussent les visiteurs indésirables tout en nourrissant et abreuvant les pollinisateurs. Au fil des pages, vous apprendrez à cultiver et à cuisiner les fleurs comestibles et les aromates et vous ferez l'apprentissage des diverses techniques de conservation afin de prolonger leur fraîcheur et votre plaisir toute l'année.

Faire le bon choix

Sélectionnez vos plantes en fonction de vos goûts et de vos besoins culinaires, laissez aller votre imagination et osez le changement et la découverte en ajoutant chaque année une nouvelle fleur et une herbe inconnue qui sauront ravir vos papilles et vos yeux. Assurez-vous de pouvoir leur offrir tout ce dont elles auront besoin pour leur épanouissement.

À chacune son pot

Tous les pots pour plantes pouvant contenir suffisamment de terreau afin de subvenir aux besoins des herbes culinaires et des fleurs comestibles sont de bons contenants.

La fertilisation tout naturellement

Une préparation adéquate du terreau, un apport de compost (1 pour 1) et un peu d'engrais à libération lente pour fines herbes lors de la plantation suffisent amplement à combler les besoins en nutriments des fines herbes et des fleurs comestibles. Les terreaux trop riches en azote provoquent une croissance trop rapide des plantes et les rendent moins savoureuses. De plus, les engrais modifient leur saveur, alors optez pour la modération qui a bien meilleur goût...

Quand vient l'hiver

Plusieurs fines herbes et quelques fleurs comestibles peuvent se cultiver en contenant à l'intérieur en hiver. En septembre, il faut penser à préparer leur entrée en douceur à l'exception de certaines vivaces tendres comme la ciboulette qui auront besoin de subir un ou deux gels afin de stimuler la croissance de nouvelles pousses savoureuses. La plupart de ces végétaux comestibles réclameront de la fraîcheur et beaucoup de lumière pour rester beaux et bons tout l'hiver. Des températures avoisinant les 20 °C le jour et 15 °C la nuit leur seront favorables. Offrez-leur 8 heures d'ensoleillement par jour et si vous ne pouvez leur offrir cette luminosité naturelle, optez pour un éclairage artificiel à raison de 12 à 14 heures par jour.

Des amis pour la vie

Herbes ou Fleurs	Compagnon(s)
Basilic	Tomate, aubergine, rosier, asperge, sauge, thym
Capucine	Tomate, courge, radis, céleri, plusieurs légumes, arbres fruitiers, coriandre
Ciboulette	Rosier, pommier, carotte, laitue
Coriandre	Pomme de terre, carotte, capucine
Estragon	Betterave, chou, marjolaine
Marjolaine	Concombre, courge, estragon
Menthe	Famille des choux, tomate, navet
Origan	Chou, concombre, persil, sarriette
Persil	Carotte, asperge, maïs, tomate, origan, romarin
Romarin	Chou, haricot, carotte, sauge, fenouil, persil
Sarriette	Rosier, haricot, oignon, origan
Sauge	Chou, carotte, fraisier, romarin, basilic, tomate
Souci	Tomate, asperge, pomme de terre
Tagète	Tous les légumes, tomate, basilic
Thym	Chou, aubergine, tomate, fraisier, basilic
Tournesol	Maïs, pois, concombre

BASILIC

Ocimum basilicum

25-60 cm | 30 cm | 07-08 | soleil

Très apprécié des jardiniers gastronomes, il est l'aromate le plus vendu au pays. Son inflorescence se compose d'épis lâches plus ou moins longs, selon la variété, recouverts de minuscules fleurs tubulaires blanchâtres.

Culture et entretien

Une exposition ensoleillée et un emplacement bien chaud sont indispensables à son développement. Il ne tolère ni la sécheresse ni les excès d'eau. Fragile au froid, le vent froid et les températures nocturnes inférieures à 10 °C peuvent lui être fatals. Le basilic est une bonne herbe pour la culture en pot et en jardinière. Les récipients de plus de 25 cm sont idéaux et un terreau riche en compost aidera à combler ses besoins en éléments nutritifs.

Le semis est le principal mode de propagation du basilic. En mars, semez les graines en prenant soin de les recouvrir d'une fine couche de terreau. Au moment de la germination, modérez les arrosages puisque les jeunes plantules sont très fragiles à la fonte des semis. Les nouveaux plants doivent être pincés lorsqu'ils atteignent 15 cm de hauteur afin de favoriser l'apparition de nouvelles tiges.

Dans la maison

Vous désirez du basilic frais tout l'hiver? Au début de septembre, semez quelques graines et entrez le pot avant la chute des températures nocturnes.

Dans votre assiette

Ocimum basilicum rehausse les salades, les marinades, les mets aux tomates, les sauces et bien entendu les pâtes. Pour en préserver toute la saveur et éviter son oxydation, il est préférable de fragmenter grossièrement les feuilles ou les fleurs avec les mains plutôt qu'avec un ustensile métallique. Cuit avec les viandes, les volailles ou les poissons, le basilic gagne à être incorporé 5 à 10 minutes avant la fin de la cuisson. La congélation des feuilles ciselées dans des bacs à glaçons remplis d'huile ou d'eau permet de conserver intact leur parfum.

Au banc d'essai

BASILIC DE GÊNES

Ocimum basilicum* var. *genovese

45-60 cm	30 cm	07-08	soleil

Cette variété est parfaite pour cuisiner un bon pesto. Son arôme pénétrant et piquant est un heureux mélange de citron et de menthe. L'odeur envoûtante que dégage son feuillage attire les papillons tout en repoussant une grande quantité de ravageurs.

BASILIC CITRON

Ocimum* x *citriodorum

45-60 cm	30 cm	07-08	soleil

Aromate à floraison blanche et au doux parfum de citron. Ses feuilles vert tendre sont plus pointues que celles des autres variétés de basilic.

BASILIC GREC 'SPICY GLOBE'

***Ocimum basilicum* var. *minimum* 'Spicy Globe'**

25-30 cm	25 cm	07-09	soleil

Cette petite boule ronde et dodue est parfaite pour la culture en pot. Ses minuscules feuilles de 2,5 cm sont consommées fraîches et entières.

CIBOULETTE

Allium schoenoprasum

35 cm	15-20 cm	07-08	soleil	3

Cette herbe fine est très décorative. Ses feuilles tubulaires réunies en touffes très serrées s'arquent discrètement tout au long de leur croissance. En juillet et en août, des tiges florales rigides émergent de la talle de feuilles et portent à leur bout de magnifiques fleurs mauves parfumées et savoureuses.

Culture et entretien

Les semis et la division de talles sont les deux méthodes de propagation utilisées pour obtenir des plants de ciboulette. Puisque la germination est assez longue, je vous conseille de semer ses minuscules graines à l'intérieur en mars. L'achat de plants est aussi une excellente option pour se procurer cet aromate. La multiplication par division de touffes se pratique tous les trois ans environ. De plus, puisqu'elle est vivace, vous pouvez conserver la ciboulette plusieurs années à l'extérieur en été.

Exposés en plein soleil, arrosés régulièrement et fertilisés biologiquement deux fois pendant l'été, vos plants de ciboulette produiront abondamment. Après la floraison, pour favoriser l'apparition de nouvelles feuilles fraîches et goûteuses, rabattez le plant à 7,5 cm du sol. Une récolte régulière prévient l'apparition de maladie fongique et permet une meilleure aération. Il est à noter que la *ciboulette à l'ail* ne donne pas de bons résultats en contenant.

Dans la maison

Si vous désirez conserver votre ciboulette en hiver, attendez qu'elle ait subi un gel assez fort avant de la rentrer. Taillez sévèrement la talle de feuilles et exposez vos pots à la lumière et à la chaleur.

Dans votre assiette

Son léger goût d'oignon, d'ail et de poireau s'harmonise à presque tous les aliments. Il faut l'ajouter à la fin de la cuisson pour profiter pleinement de sa saveur. Les feuilles comme les fleurs se consomment et se congèlent facilement.

CORIANDRE VIETNAMIENNE

Polygonum odoratum

15-25 cm 30-40 cm soleil mi-ombre

La coriandre vietnamienne est une vivace que l'on cultive comme annuelle en climat froid. Ses feuilles lancéolées ont un goût qui se rapproche de celui de la coriandre, additionné d'une légère saveur de menthe citronnée. Son feuillage se teinte parfois de jolies taches rougeâtres, ce qui la rend très décorative.

Culture et entretien

La *Polygonum odoratum* affectionne les endroits semi-ombragés ainsi que les terreaux bien drainés. En période de sécheresse, des arrosages fréquents et profonds favorisent sa croissance puisqu'elle ne tolère pas le manque d'eau. Pour obtenir des plants denses et augmenter sa production, taillez-la de moitié deux ou trois fois par été. En jardinière ou en panier suspendu, elle saura attirer l'attention et acceptera la compagnie de la plupart des autres annuelles. Son parfum citronné chasse un grand nombre d'insectes nuisibles. La bouture de tiges herbacées est le mode de multiplication le plus utilisé. En début d'été, prélevez quelques centimètres de jeunes tiges, elles s'enracineront rapidement et produiront de beaux plants vigoureux idéaux pour la culture intérieure.

Dans la maison

En hiver, il est possible de la cultiver à l'intérieur en lui procurant cinq ou six heures de soleil par jour, de la chaleur et de l'eau au besoin.

Dans votre assiette

C'est avec le poulet, les soupes, les pâtes ou en trempette que la coriandre vietnamienne est à son meilleur. Elle doit être utilisée avec modération, car son goût plus prononcé et citronné que celui de la coriandre traditionnelle peut parfois déranger. Cette coriandre ne se conserve pas très bien : séchée ou congelée elle perd beaucoup de son arôme. Mieux vaut la consommer fraîche. Cette herbe culinaire est un excellent substitut à la coriandre commune (*Coriandrum sativum*).

Au banc d'essai

CORIANDRE MEXICAINE

Eryngium foetidum

45 cm	30 cm	08	soleil	mi-ombre

Ce petit chardon possède la même saveur que la coriandre la plus connue. Ses jeunes feuilles se consomment fraîches ou séchées. Une fois séchées, ses feuilles conservent toute leur saveur. La cuisson ne lui convient pas.

CORIANDRE COMMUNE

Coriandrum sativum

50 cm	20 cm	07-09	soleil	mi-ombre

La coriandre commune est une herbe fine annuelle au goût légèrement piquant avec une subtile touche d'agrume. Ses feuilles, ses fleurs et ses graines séchées sont comestibles. Cultivée en pot à l'intérieur ou à l'extérieur, la coriandre commune doit être semée directement dans son pot décoratif, car elle n'aime pas la transplantation. Les plants achetés en centre de jardin et transplantés par la suite produisent très peu de feuilles et montent en graines rapidement.

LAURIER-SAUCE

Laurus nobilis

70-100 cm | 40-50 cm | soleil | mi-ombre

Le laurier-sauce est une vivace non rustique à feuillage persistant que l'on cultive en pot puisqu'il demande à être entré avant les gels hivernaux. Ses feuilles étroites vert foncé dégagent une douce essence de citron et de girofle. Son allure de petit arbre le rend très décoratif lorsqu'il est cultivé sur la terrasse ou au balcon.

Culture et entretien

Au printemps, après les derniers gels, le laurier-sauce peut prendre place à l'extérieur. Il affectionne le plein soleil, mais supporte très bien la mi-ombre. Son feuillage craint les vents et se dessèche rapidement par temps chaud et sec. Vaporisez-le à l'eau tiède en période de sécheresse pour éviter le brunissement de ses feuilles. De croissance lente, il faut être prudent lors des arrosages, car il craint les excès d'eau. Il préfère être à l'étroit dans son pot, alors limitez les rempotages.

Dans la maison

Ses racines superficielles sont très sensibles au froid, il doit donc hiverner dès que les températures nocturnes atteignent 10 °C. Réduisez au maximum les arrosages et exposez-le en pleine lumière (au moins 6 heures de soleil par jour ou 12 heures d'éclairage artificiel).

Dans votre assiette

Les feuilles du laurier assaisonnent agréablement les sauces tomates, les viandes, les pâtes et les poissons. Une petite quantité (une à deux feuilles) suffit pour rehausser le goût de vos plats préférés.

Pour plus de saveur, ajoutez-les en début de cuisson, car la chaleur accentue leur bouquet. En règle générale, on ne consomme pas les feuilles de laurier, sauf si la recette mentionne de les réduire en fines particules. Notez que les feuilles fraîches sont beaucoup plus savoureuses que les feuilles séchées. C'est pourquoi il faut réduire de moitié la quantité prescrite si vous venez de les récolter.

Pour leur conservation, il suffit de les étendre une à une sur une grande plaque dans un endroit sombre, sec et bien aéré. Avant qu'elles ne deviennent trop friables, couvrez-les d'un linge sec et apposez par-dessus, pendant une semaine, une grande planche de bois afin de créer un poids qui leur permettra de sécher bien à plat. Conservez les feuilles bien sèches dans un contenant de verre hermétique à l'abri de la lumière.

ORIGAN

Origanum vulgare

30-50 cm | 30-50 cm | 07-09 | soleil | mi-ombre | 4

Avec son parfum de poivre et de citron, il n'est pas étonnant que l'origan soit si populaire. On le décrit parfois comme une plante envahissante, mais en contenant, il devient docile et de bonne compagnie. Au cœur de l'été, de minuscules épis rose-mauve s'associent pour former de nombreuses panicules perchées au sommet de ses tiges anguleuses.

Culture et entretien

L'*Origanum vulgare* affectionne la chaleur et la lumière du soleil. Après l'éclosion de ses fleurs, rabattez entièrement le plant à 10 cm : vous obtiendrez ainsi de nouvelles pousses tendres et savoureuses. Cultivé au balcon en contenant de plus de 30 cm de diamètre, l'origan résistera à l'hiver sans protection. Son délicieux nectar fait la joie des abeilles.

Semis, boutures et divisions, voilà les modes de propagation utilisés pour ces fines herbes. En mars, semez les graines en multicellules sans les recouvrir. Transplantez les plants au jardin lorsque tous les risques de gel sont écartés. Les boutures de tiges terminales sont prélevées en été sur de jeunes tiges. Au printemps, retirez les plants de plus de trois ans et divisez-les pour les rajeunir.

Dans la maison

Pour une culture intérieure, prélevez un fragment du plant mère à l'automne et rempotez-le dans un terreau bien drainant. Chaleur, lumière et arrosages au besoin sont les principaux soins à lui prodiguer pour accroître sa productivité.

Dans votre assiette

L'arôme de ses fleurs, de ses tiges et de ses feuilles, fraîches, séchées ou congelées, parfume les plats de pâtes, les mets aux tomates, les omelettes et les pizzas. Pour préserver toute sa saveur, mieux vaut l'intégrer à la fin de la cuisson. Les sommités fleuries de l'origan étant plus parfumées, cuisinez-les avec modération.

Le séchage le rend encore plus parfumé. Dans un endroit sec, aéré et sombre, suspendez, tête en bas, de petits bouquets. Une fois bien secs, conservez-les entiers dans un contenant hermétique et ne les broyez qu'au moment de leur utilisation. La congélation dans l'huile ou dans l'eau conserve la saveur de ses feuilles. Ses fleurs se congèlent entières dans des sacs de congélation hermétiques.

Au banc d'essai

ORIGAN RETOMBANT 'KIRIGAMI'

Origanum x *hybrida* 'Kirigami'

30-50 cm | 35 cm | 07-09 | soleil | mi-ombre

C'est une des plus belles plantes d'origan retombant. Ses superbes bractées roses en forme de cocotte qui laissent pointer en leur centre de jolies fleurs roses tubulaires attirent tous les regards. Bien que son goût soit plus léger et sa rusticité moindre, cet origan gagne à être connu et cultivé.

ORIGAN GREC

Origanum heracleoticum

30-50 cm | 30-50 cm | 07-09 | soleil

La saveur de cette herbe est plus prononcée que celle de l'*Origanum vulgare*. En juillet, ses hampes florales se couvrent de belles panicules blanches et c'est pendant cette période que le goût de ses feuilles vert-gris se bonifie. Elle peut être conservée à l'intérieur en hiver.

PERSIL

Petroselinum crispum

30 cm | 45 cm | 08 (aux 2 ans) | soleil | mi-ombre

Cette belle bisannuelle est cultivée comme une herbe fine annuelle sous notre climat. Le persil est un incontournable dans les aménagements de balcons. Ses tiges triangulaires et son joli feuillage vert éclatant soulignent toute la beauté des plantes à fleurs qui l'accompagnent.

Culture et entretien

Pour maximiser la croissance du persil, respectez une distance de plantation de 30 cm entre chaque plant et offrez-lui des arrosages réguliers sans toutefois garder le sol constamment détrempé à ses pieds. Malgré l'opulence et la longueur de ses racines, sa culture en pot est possible et facile en utilisant des contenants très profonds de plus de 30 cm de diamètre.

Puisqu'il est bisannuel, le *Petroselinum crispum* ne produit des fleurs que la deuxième année. À ce stade de croissance, il perd une grande partie de ses vertus culinaires ; il est donc préférable de le remplacer chaque année. Ses minuscules semences se sèment à couvert à l'intérieur en mars et exigent une stratification dans l'eau chaude (12 à 24 heures) pour une meilleure germination.

Comme il tolère mal la transplantation, placez idéalement chaque graine dans des multicellules individuelles biodégradables et attendez à la mi-mai pour les transporter au balcon.

Dans la maison

En août, faites un nouveau semis en pot et entrez-le avant les gels ; vous pourrez ainsi bénéficier de sa saveur pendant tout l'hiver.

Dans votre assiette

Cet aromate est utilisé dans pratiquement tous les plats de viande, de poisson, de volaille et de légumes cuisinés. Il est riche en vitamines et en fer. Son goût fin et délicat parfume les potages, les soupes, les beurres et les salades. Ajoutez-le en fin de cuisson seulement pour conserver toute sa saveur.

On peut le sécher par suspension, mais la congélation de ses tiges feuillues entières préserve mieux sa saveur. Il se conserve jusqu'à trois semaines au réfrigérateur dans un sac plastique hermétiquement fermé.

Au banc d'essai

PERSIL PLAT

Petroselinum crispum var. *neapolitanum*

45-60 cm | 45 cm | 08 (aux 2 ans) | soleil | mi-ombre

Le persil italien est la variété la plus utilisée en cuisine. Son feuillage plat et vert foncé ressemble aux feuilles de céleri ; moins décoratives que celles du persil frisé, elles ont toutefois un goût plus prononcé et raffiné.

PERSIL FRISÉ

Petroselinum crispum var. *crispum*

30 cm | 45 cm | 08 (aux 2 ans) | soleil | mi-ombre

Ses jolies feuilles frisées réunies en rosettes denses et serrées sont craquantes sous la dent. Bien qu'il soit le moins parfumé des persils (léger arôme de camphre), il est sans aucun doute le persil le plus décoratif.

PLANTE CARI

Helichrysum italicum

↕	↔	Floraison	Exposition
30 cm	30 cm	07-08	soleil

Vivace non rustique, l'*Helichrysum italicum* est cultivée comme une herbe fine annuelle. Ses jeunes tiges d'apparence laineuse, agrémentées de délicates feuilles linéaires argentées, dégagent un fort parfum de cari, d'où son appellation. Au début de l'été, une inflorescence constituée de petits capitules de fleurs jaune moutarde réunis en bouquets se développe aux extrémités de ses tiges et vient accentuer sa beauté.

Culture et entretien

La plante cari a une préférence pour les endroits chauds et ensoleillés. Cultivée en pot, vous devrez laisser sécher la moitié du terreau avant de l'arroser à nouveau en profondeur.

La bouture de tige est la meilleure façon de multiplier l'*Helichrysum italicum*. À la fin de l'été – soit en août –, prélevez quelques boutures d'environ 10 cm de longueur. Retirez les fines feuilles du bas pour dégager les nœuds et procédez à la mise en terre en multicellules que vous laisserez à l'extérieur à la mi-ombre jusqu'à ce que les températures nocturnes atteignent 12 °C. Attention, cet aromate est très frileux : un coup de froid et vos efforts seront réduits à néant.

Dans la maison

La culture intérieure du cari donne rarement de bons résultats : la plante s'étiole, s'affaiblit et perd beaucoup de sa saveur.

Dans votre assiette

Son goût plus subtil que celui du cari traditionnel (mélange d'épices) rehausse à merveille une choucroute, un riz ou un potage de légumes.

Notez cependant qu'il ne faut pas consommer les fleurs ni les tiges feuillues : utilisez en macération seulement pour aromatiser vos plats.

À l'automne, formez de petits bouquets de tiges feuillues et fleuries, suspendez-les tête en bas dans un endroit sec, sombre et bien aéré, puis conservez-les dans un bocal hermétique une fois bien séchés.

Il est également possible de congeler les fleurs et les tiges feuillues en les déposant bien à plat sur une plaque à biscuits. Une fois gelées, conservez-les bien au froid dans un sac plastique à rabat fermoir.

ROMARIN

Rosmarinus officinalis

40-90 cm | 45 cm | 09-10 | soleil

Ce bel arbuste comestible n'est malheureusement pas rustique sous notre climat. Sa ramure particulière est persistante et ressemble à de petites aiguilles d'épinettes. Ses feuilles coriaces sont marbrées de blanc en dessous. Il suffit de les effleurer pour qu'elles nous livrent, sans retenue, leur odeur pénétrante de camphre et de poivre.

Culture et entretien

Le romarin affectionne les endroits chauds et abrités des vents. En plein soleil, dans un terreau bien drainé, il se gorge de saveur et croît abondamment. L'excès d'humidité ralentit son développement. Cultivé en pot sur le balcon ou la terrasse, il préfère être à l'étroit; choisissez-lui un récipient à peine plus gros que sa motte de racines afin de contrôler adéquatement les apports d'eau.

Pour le multiplier, prélevez des segments de têtes d'une longueur de 10 cm en été et effeuillez sa base. Piquez vos boutures dans des petits pots individuels remplis de terreau pour semis et boutures et placez-les dans un endroit ombragé. Il faut entrer vos nouveaux plants dès l'arrivée des nuits froides et réduire les arrosages.

Dans la maison

Entrez vos plants avant les nuits fraîches (10 °C). Une fois bien à l'abri des intempéries hivernales, votre romarin aura besoin de six heures d'ensoleillement par jour et d'une température fraîche (15 °C). Lors de son passage à l'intérieur en hiver, d'élégantes fleurs tubulaires bleu pâle, blanches ou rosées se pointent au centre de ses fins rameaux.

Dans votre assiette

Ses feuilles fraîches ou séchées ajoutent une touche de piquant aux marinades, au porc, à l'agneau, aux pommes de terre et aux tomates. Le romarin doit être utilisé avec modération puisque son goût prononcé peut masquer celui de certains aliments. Pour en faire ressortir tout l'arôme, frottez les feuilles entre vos doigts avant de les incorporer à vos recettes. Le romarin est une herbe indispensable à la confection de bouquets garnis et au mélange d'herbes de Provence.

Le séchage par suspension de ses rameaux feuillés aide à en préserver toute la saveur. Des rameaux entiers gardés enroulés dans une feuille d'aluminium et placés dans un sac hermétique au congélateur sont aussi une bonne méthode de préservation.

Au banc d'essai

ROMARIN RETOMBANT

***Rosmarinus officinalis* 'Prostratus'**

15 cm — 30 cm — 09 — soleil

C'est une superbe variété de romarin dont les rameaux à feuillage persistant retombent pour orner la bordure des contenants. À l'automne, il se couvre de belles fleurs bleu-violet.

THYM COMMUN

Thymus vulgaris

15-30 cm	20-30 cm	07-08	soleil	3

Le thym est cultivé comme annuelle ou vivace rustique. Ses tiges ligneuses et frêles sont recouvertes de feuilles triangulaires qui exhalent un puissant arôme de poivre et de menthe. En été, de jolis bouquets de fleurs parfois blanches, parfois rosées se pointent au bout de ses tiges et embaument l'air de leur délicat parfum.

Culture et entretien

Cet aromate affectionne les endroits chauds et secs. La plupart des variétés s'adaptent à tous les types de contenants, pourvu qu'ils permettent à la terre de bien se drainer. Puisqu'il supporte bien la sécheresse, il faut l'arroser avec modération sauf en période de grande chaleur. À la suite d'une abondante floraison, taillez ses fines tiges afin de stimuler leur feuillaison. Les vieux rameaux de thym ayant passé l'hiver à l'extérieur bénéficieront d'une taille sévère au printemps.

Semez à l'intérieur en mars, à découvert. Pour préserver les particularités de certaines variétés issues de croisements, prélevez des boutures de tiges en été et laissez-les s'enraciner à l'extérieur en contenant. Les plants de thym peuvent être divisés en fin d'été ou tôt au printemps. Il n'est pas rare de voir quelques tiges se marcotter naturellement en été ; prélevez les segments enracinés et transplantez-les en pot.

Dans la maison

Il est possible de conserver vos plants à l'intérieur en hiver : il suffit de les rempoter en août et de les rentrer avant les premières gelées.

Dans votre assiette

Le thym entre dans la confection de bouquets garnis, de plats à base d'ail et dans les sauces. Sa touche poivrée accentue la saveur des mets de poisson, de volaille et de viande sauvage.

Avant de les incorporer à vos recettes, émiettez les feuilles fraîches ou séchées entre vos doigts pour activer l'évaporation des huiles essentielles aromatiques. Cette herbe résiste très bien à la cuisson ; ajoutez-en avec modération dès le début pour que les aliments s'imprègnent de son parfum.

Le procédé de séchage par suspension lui convient parfaitement. Une fois bien sèches, conservez les tiges entières dans un bocal opaque. On peut congeler des rameaux complets enroulés dans une feuille d'aluminium et gardés dans un sac de plastique hermétique.

Au banc d'essai

THYM CITRON

Thymus x citriodorus

20-30 cm	30 cm	07-08	soleil	4

Une belle variété vivace à feuillage persistant vert tendre parfois marbré de doré, large et arrondi. Son parfum frais et citronné est apprécié dans les desserts et les boissons chaudes. Pour en déguster toute la saveur, évitez de le sécher, optez plutôt pour la congélation. Cette variété est parfaitement adaptée à la culture intérieure.

AGASTACHE FENOUIL

Agastache foeniculum

60-70 cm	30 cm	07-09	soleil	5

Décorative, parfumée, comestible et mellifère, l'agastache a l'apparence d'un petit arbuste qui se couvre de fins épis terminaux garnis de fleurs tubulaires doubles teintées de mauve ou de lavande. Son feuillage et ses fleurs exhalent une douce odeur d'anis qui attire les papillons et les abeilles domestiques.

Culture et entretien

Les terreaux bien drainés favorisent sa productivité et la chaleur des rayons du soleil gorge ses fleurs de succulent nectar. Malgré sa rusticité, l'agastache tirera avantage à être cultivée comme une annuelle sous notre climat. Privilégiez un endroit abrité du vent pour son implantation ; elle sera plus florifère. Les plants cultivés en pot profond

(30 cm et plus) mesureront environ 40 cm à la fin de l'été. Étant donné que cette plante préfère la sécheresse aux excès d'humidité, évitez les arrosages trop abondants et trop fréquents qui ralentissent sa croissance et laissez sécher de moitié les plants entre chaque arrosage. Placée près des plantes qui nécessitent une pollinisation, elle bénéficiera du va-et-vient des insectes pollinisateurs qui la visitent.

Les semis d'agastache prennent généralement deux ans pour offrir une belle floraison et la durée de vie d'un plant mature est de trois ou quatre ans. À vous de décider si vous propagez vos plants par semis ou si vous achetez de nouveaux plants pour remplacer ceux qui auront succombé aux rigueurs de l'hiver.

Dans la maison

L'hivernage intérieur n'est pas recommandé pour cette herbe vivace qui a besoin d'une période de repos au froid pour être à nouveau productive.

Dans votre assiette

Le feuillage broyé ou ciselé s'intègre bien dans les légumes sautés, les soupes et les riz, tandis que les pétales parfument les beurres, les huiles, les vinaigres et les breuvages rafraîchissants comme les limonades et les thés glacés. Les parties comestibles cuisinées garderont leur arôme si elles sont ajoutées à la fin de la cuisson des principaux aliments.

BÉGONIA DES JARDINS

Begonia semperflorens

20 cm	20 cm	07-09	mi-ombre

Cette variété annuelle arbore un port compact qui convient parfaitement à la culture en contenant. Son feuillage varie du pourpre au vert, et ses tendres fleurs se teintent de rouge, de rose ou de blanc. Son arôme est acidulé et se rapproche de celui de l'oseille. Très généreux, le bégonia des jardins fleurit abondamment tout l'été.

Culture et entretien

Règle générale, les bégonias affectionnent particulièrement les endroits mi-ombragés et abrités des vents forts, bien qu'ils tolèrent les expositions ensoleillées. Comestibles, ils sont idéaux pour la culture en panier suspendu, en jardinière ou dans tout autre contenant de plus de 25 cm de diamètre. Les arrosages doivent se faire en profondeur et toujours avec de l'eau tempérée, car ils craignent le froid. Le semis doit être fait en janvier ou février puisque la germination des bégonias est assez longue. Plusieurs repiquages devront être faits avant la mise en pot finale. Les boutures de tiges sont prélevées à la fin du printemps sur des plants qui auront hiverné au frais à l'intérieur.

Dans la maison

Pour conserver vos bégonias quelques années, vous pouvez entrer vos plants avant les gelées, dans un lieu à l'abri du froid. Dans un garage chauffé ou une pièce peu éclairée, il faut tailler ses tiges à 10 cm et le maintenir le plus possible au sec (un arrosage toutes les trois ou quatre semaines lui suffit). En mars, lorsque les jours rallongent, exposez vos plants à la lumière du soleil et à la chaleur. Ils redémarreront en avril ou en mai selon la température.

Dans votre assiette

Le goût juteux et acidulé de ses pétales croquants se marie à merveille avec les desserts de fruits frais, les poissons et les volailles. Afin de conserver tout le mordant de ses fleurs, évitez de les cuire ; ajoutez-les après la cuisson des aliments de base. La récolte de ses fleurs doit être faite rapidement après l'éclosion des boutons floraux, sans quoi elles se faneront et tomberont au sol. Elles peuvent se conserver au réfrigérateur quelques jours dans un sac hermétique.

Au banc d'essai

BÉGONIA AILES DE DRAGON

***Begonia semperflorens* x *hybrida* 'Dragon Wing'**

25-30 cm | 30-40 cm | 07-09 | soleil | mi-ombre

La forme particulière de ses grandes feuilles vertes teintées de pourpre lui a valu le nom original d'Ailes de Dragon. Ses magnifiques fleurs doubles rouges, roses, blanches ou saumonées sont réunies en grappes au sommet de ses tiges aqueuses et retombantes. Le parfum frais d'agrume rehaussé d'un peu de piquant provenant de ses pétales gagne à être découvert.

SOUCI DES JARDINS

Calendula officinalis

50-70 cm | 20 cm | 06-09 | soleil

Cette étincelante annuelle illumine les balcons et les terrasses par la coloration lumineuse de ses capitules floraux qui varie du jaune crème à l'orange intense. Suivant le cycle du soleil, ses nombreuses fleurs s'ouvrent dès les premières lueurs du jour et se referment au crépuscule. Le charme de cette plante annuelle, compagne idéale de plantes potagères, ne réside pas seulement dans sa grande beauté, mais également dans la saveur mielleuse et sucrée de ses jeunes feuilles et de ses fleurs.

Culture et entretien

Cultivé en pot, le *Calendula officinalis* requiert un terreau bien drainé qui préserve une certaine humidité. Puisqu'il est fragile à certaines maladies fongiques, espacez les plants de 20 à 25 cm, arrachez les feuilles qui touchent le sol et modérez les arrosages.

Pour une floraison hâtive, ses graines en forme de croissant de lune se sèment dans des contenants individuels à l'intérieur, huit semaines avant les dernières gelées printanières. Elles peuvent aussi être semées directement à l'extérieur, dès que les risques de gel sont écartés.

Il arrive parfois que quelques semences tombées sur le terreau de l'année d'avant germent au printemps : il suffit de repiquer les plantules dans les pots désirés lorsqu'elles auront atteint environ 15 cm de hauteur.

Dans la maison

Sa culture intérieure n'est pas recommandée, car les plants auront tendance à s'étioler et à s'affaiblir.

Dans votre assiette

Les fleurs, les feuilles et les boutons floraux du souci sont comestibles. Ses pétales frais ou séchés aromatisent et teintent les huiles, les vinaigres, les beurres et les plats de riz. Plus la couleur des fleurs est prononcée, plus ces dernières sont savoureuses.

Ajouté à la fin de la cuisson, le souci parfume les omelettes, les couscous et certains desserts. Ses jeunes feuilles entières ou finement ciselées complètent à merveille les mélanges de laitues. Les boutons floraux bien formés et serrés peuvent être marinés comme ceux des capucines pour en faire des câpres délicieuses.

CAMOMILLE ALLEMANDE

Matricaria recutita

25-50 cm | 30 cm | 07-10 | soleil

Cette camomille annuelle possède un feuillage dentelé et délicat aussi léger qu'un nuage. En été et jusqu'à tard en automne, une abondante floraison semblable à celle des marguerites se déploie. Le centre bombé de ses capitules composé de nombreuses fleurs jaunes tubulaires et minuscules est entouré de fins pétales allongés blanc pur.

Culture et entretien

Friande de chaleur et de lumière, la camomille est parfaite pour la culture en contenant. Un terreau léger et bien drainé et un pot de 25 cm et plus de diamètre suffisent pour qu'elle s'épanouisse sur le balcon ou la terrasse. Le semis est la méthode de reproduction utilisée pour cette jolie plante comestible.

Début avril, semez à l'intérieur les fines graines sur la surface d'un terreau humide et pressez-les délicatement afin qu'elles soient en contact avec la terre. Il faut éviter de recouvrir de terreau les semences qui ont besoin de lumière pour germer. Une chaleur de fond entre 19 et 21 °C est essentielle pour une bonne germination.

Sitôt les derniers risques de gels écartés, sortez vos jeunes plants d'abord à la mi-ombre puis ensuite au soleil. Vous pouvez également effectuer vos semis directement à l'extérieur en pot à la fin de mai.

Dans la maison

À l'automne, avant les gels, entrez vos pots de camomille et placez-les sur le rebord d'une fenêtre très éclairée. Vous obtiendrez de bons résultats si vous pouvez lui fournir 8 heures de lumière naturelle ou 12 heures de lumière artificielle par jour. Toutefois, il faut se souvenir que cette variété de camomille est annuelle, donc, qu'elle ne pourra produire de fleurs plus d'une année.

Dans votre assiette

La récolte de ses sommités fleuries se fait en tout temps, tout au long de la belle saison. Plus vous en récolterez, plus vous favoriserez l'apparition de nouveaux bourgeons floraux.

Afin de profiter pleinement de sa saveur, moins acre lorsque les inflorescences sont jeunes, coupez les fleurs au moment de leur éclosion et disposez-les sur une grille ou un plateau pour les faire sécher. Un endroit sec et bien aéré, exempt de lumière est alors recommandé. En infusion ou en limonade, la camomille allemande est depuis longtemps appréciée pour ses vertus thérapeutiques et aromatiques.

CAPUCINE

Tropaeolum majus

50-200 cm | 50-60 cm | 06-09 | soleil | mi-ombre

Piquante, colorée, savoureuse, florifère, voilà quelques-unes des qualités de cette belle annuelle comestible. Ses coloris floraux très variés, allant du crème au rouge en passant par l'orangé, le pêche et le jaune sont le résultat de nombreux croisements. L'arôme piquant de cresson et de radis de ses pétales et son original éperon coloré ne laissent personne indifférent. Quant à son feuillage arrondi, il laisse en bouche un goût de moutarde poivrée fort agréable.

Culture et entretien

Le plein soleil est essentiel pour une floraison abondante et savoureuse. Lors de la plantation, un léger apport de matière organique favorise son développement ; cependant, évitez les engrais trop azotés qui stimulent la croissance du feuillage au détriment de celle des fleurs.

En pot, des arrosages profonds et réguliers ainsi qu'un espacement de 30 cm entre chaque plant sont souhaitables pour optimiser sa production. C'est la compagne idéale de la plupart des plantes fragiles aux infestations de pucerons. Il faut semer les graines à l'intérieur en avril pour une floraison hâtive ou à l'extérieur à la fin mai pour une floraison en août. Un trempage des semences dans l'eau tiède 12 heures avant le semis est recommandé.

Dans la maison

La capucine peut se cultiver à l'intérieur en hiver sous éclairage artificiel.

Dans votre assiette

Les feuilles au goût de moutarde se consomment en salade ou en potage. Marinés, les boutons floraux et les graines fraîches donnent des câpres savoureuses. Quelques pétales parfumés et poivrés suffisent pour aromatiser les vinaigres, les beurres et les fromages.

Colorées et très décoratives, les fleurs de capucine agrémentent les salades fleuries et les desserts fruités. Les boutons floraux ou les graines lisses et vertes qui servent à la confection de marinades (câpres) doivent être récoltés dès leur apparition, lorsqu'ils sont encore fermes et denses. La cueillette des sommités fleuries se pratique lorsque les fleurs s'épanouissent et que leurs coloris sont vifs et brillants.

PENSÉE DES JARDINS

Viola x wittrockiana

15-25 cm	20-25 cm	06-09	soleil	mi-ombre

Cette vivace tendre cultivée comme annuelle ajoute couleur et saveur à vos aménagements en pot. Ses fleurs de forme aplatie sont souvent bicolores et sont marquées de taches contrastantes qui personnalisent chacune d'entre elles. Les variétés à floraison jaune sont les plus savoureuses et dégagent un doux parfum.

Culture et entretien

Les pensées sont friandes de terreaux légèrement humides et riches en compost. Puisqu'elles supportent bien les températures fraîches printanières, vous pourrez créer des agencements floraux pour le balcon dès le début du mois de mai.

Il est recommandé de privilégier un endroit abrité des vents pour son emplacement afin de protéger ses fins bourgeons des vents desséchants. La multiplication par semis s'adresse aux jardiniers expérimentés car la germination est lente et irrégulière, mais heureusement, si vous conservez le terreau dans votre pot décoratif, la pensée des jardins se ressème facilement elle-même. L'achat de plants reste toutefois la meilleure solution.

Dans la maison

Pour une culture intérieure en hiver, on sème en pot à l'extérieur en septembre et on rentre les plants avant le premier gel. On place les contenants au frais sous éclairage artificiel 12 heures par jour ou au soleil pendant 8 heures.

Dans votre assiette

Dans les salades, les desserts fruités, les gelées et les beurres aromatisés, les pétales frais ajoutent une touche de fraîcheur et de couleur. Plus décoratives que savoureuses, les fleurs entières agrémentent les pâtisseries et les salades de fruits frais.

Avant leur consommation, détachez la corolle de son réceptacle et prenez le temps de retirer le pistil et les étamines qui sont allergènes et amers.

TOURNESOL

Helianthus annuus

20-200 cm | 20-30 cm | 08-09 | soleil

Aussi appelé soleil des jardins, le tournesol déploie, en été, de volumineux boutons floraux qui se dressent en solitaires au-dessus de ses plus hautes feuilles. Ils s'ouvrent pour dévoiler de gros capitules fleuris entourés de fins pétales colorés, variant du crème au rouge foncé en passant par le jaune et l'orangé. Leur extrémité s'incline délicatement vers le soleil lorsque les volumineuses caboches florales s'épanouissent.

Culture et entretien

Aucune fleur annuelle n'est aussi facile à cultiver que le tournesol. Il suffit de planter une à trois semences dans un grand contenant lorsque tous les risques de gel sont écartés et le tour est joué.

Inutile de le démarrer à l'intérieur, ses racines ne tolèrent pas la transplantation. Il s'adapte à la plupart des sols bien drainés et les expositions ensoleillées assurent l'épanouissement de ses sommités fleuries.

Au moment du semis, un apport de compost permet de conserver le sol frais à ses pieds. Le tuteurage des plants de grande taille est parfois nécessaire pour soutenir la tige qui peut se courber sous le poids des énormes capitules.

Pour la culture en pot dans de petits espaces, on sélectionne des variétés de petites dimensions ou naines, de 20 à 60 cm de hauteur, qui s'intègrent beaucoup mieux sur le balcon ou la terrasse.

Si on désire empêcher les oiseaux et les écureuils de se régaler de leurs graines bien mûres à l'automne, on recouvre les caboches florales d'un filet de plastique à petites ouvertures.

Dans la maison

Les plants cultivés à l'intérieur ont tendance à devenir longs et faibles.

Dans votre assiette

Les boutons floraux, les pétales et les graines sont les parties comestibles du tournesol. Les pétales frais, séchés ou congelés ainsi que les graines sont servis en salade, avec du riz, des pâtes ou dans les potages. On les ajoute après la cuisson pour sauvegarder leur arôme. Les boutons floraux encore bien fermés peuvent être consommés comme des artichauts.

PETITES DOUCEURS À CONCOCTER

TAPENADE AU PARFUM D'ITALIE

375 ml (1½ tasse) de tomates séchées dans l'huile
375 ml (1½ tasse) de basilic Genovese frais
125 ml (½ tasse) de persil italien ou d'origan frais
250 ml (1 tasse) d'olives Kalamata (ou noire) dénoyautées
250 ml (1 tasse) d'huile d'olive extra vierge
3 à 4 gousses d'ail hachées (au goût)
1 ml (¼ c. à soupe) de sel
Poivre au goût

Hacher finement les tomates séchées à l'aide d'un robot culinaire. Ajouter les autres ingrédients et réduire le tout en purée grossière. La tapenade se conserve dans de petits bocaux de verre un mois au réfrigérateur ou près d'une année au congélateur.

GUACAMOLE À LA CORIANDRE VIETNAMIENNE ET À L'OPUNTIA

3 petites feuilles d'Opuntia
2 avocats bien mûrs
300 ml (1¼ tasse) de salsa maison ou du commerce
45 ou 60 ml (3 ou 4 c. à soupe) de crème sure
30 ml (2 c. à soupe) de coriandre vietnamienne hachée finement
15 ml (1 c. à soupe) de menthe fraîche hachée finement
2 ou 3 gouttes de sauce tabasco
30 ml (2 c. à soupe) de jus de lime
Sel au goût

Éplucher et cuire les feuilles d'Opuntia hachées dans l'eau salée pendant 10 minutes, puis frotter sous l'eau froide pour en éliminer le gel. Hacher finement les feuilles. Dans un bol à mélanger, réduire les avocats en purée grossière à l'aide d'une fourchette. Incorporer les feuilles d'Opuntia, la salsa et la crème sure. Bien mélanger. Ajouter les herbes, le tabasco et le jus de lime. Saler au goût et servir immédiatement accompagné de tortillas de maïs.

SAUCE CHIMICHURRI ENSOLEILLÉE ET PIQUANTE

500 ml (2 tasses) de persil plat bien tassé
60 ml (¼ tasse) de ciboulette
2 ml (½ c. à thé) de piment séché broyé
3 gousses d'ail
Le jus et le zeste de 1 citron
375 ml (1½ tasse) d'huile d'olive extra vierge
Une pincée de sel de l'Himalaya
Poivre au goût

Mettre tous les ingrédients dans le bol du mélangeur et broyer jusqu'à consistance lisse. Se conserve 4 à 5 jours au réfrigérateur. Peut être congelée dans des bacs à glaçons. Idéale pour les pâtes, les vinaigrettes et les potages.

(Recette inspirée de *À la diStasio* volume 3)

GELÉE DE ROMARIN OU AUTRES FINES HERBES

500 ml (2 tasses) de jus de canneberge blanc (attention pas de cocktail)
750 ml (3 tasses) de sucre de canne
3-4 rameaux feuillus de romarin frais ou autres fines herbes (un peu plus)*
1 enveloppe de pectine liquide

Porter à ébullition le jus, le romarin ou les herbes et le sucre. Laisser bouillir à gros bouillons 2 minutes. Ajouter la pectine liquide et continuer l'ébullition 1 ou 2 minutes. Retirer rapidement les herbes ou le romarin et verser immédiatement le mélange dans de petits bocaux hermétiques. Se conserve plusieurs mois au frais.

*Le thym, la menthe et le basilic sont également excellents en gelée.

HERBES DE PROVENCE

60 ml (¼ tasse) de romarin séché
60 ml (¼ tasse) de thym séché
60 ml (¼ tasse) de basilic séché
60 ml (¼ tasse) de marjolaine ou d'origan séché
60 ml (¼ tasse) de sarriette séchée
60 ml (¼ tasse) de persil séché

Mélanger toutes les herbes dans un grand bocal hermétique et opaque. Au moment de les utiliser, broyer la quantité requise à l'aide d'un mortier ou d'un moulin à herbes de Provence. Vous pouvez varier les herbes selon vos goûts.

CÂPRES DE CALENDULA OU DE CAPUCINES

125 ml (½ tasse) de boutons de fleurs bien fermés ou de graines fraiches de capucines
250 ml (1 tasse) d'eau + 1 tasse
2 ml (½ c. à thé) de sel
75 ml (⅓ tasse) de vinaigre blanc de bonne qualité

Dans une petite casserole, faire bouillir 1 tasse d'eau et blanchir les boutons floraux ou les graines pendant 1 minute. Retirer rapidement du feu, rincer à l'eau très froide et réserver. Porter à ébullition 250 ml (1 tasse) d'eau, le sel et le vinaigre. Laisser bouillir pendant 1 minute. Verser les boutons ou les graines dans de petits pots de verre et recouvrir du liquide chaud. Fermer les pots rapidement et laisser macérer le mélange 1 mois au réfrigérateur avant l'utilisation pour un goût plus prononcé. Délicieux dans les salades et les omelettes. Si les contenants ont été stérilisés, ces câpres peuvent se conserver plus d'une année ; sinon, elles se conserveront quelques mois au réfrigérateur.

BOUTONS DE TOURNESOL EN VINAIGRETTE

Boutons de fleurs bien fermés
60 ml (¼ tasse) d'huile d'olive extra vierge
Le zeste et le jus de ½ citron Meyer (ou autre)
2 ml (½ c. à thé) d'herbes de Provence maison
5 ml (1 c. à thé) de mayonnaise

Faire blanchir les boutons floraux dans l'eau bouillante 1 à 2 minutes et les tremper rapidement dans l'eau froide pour les garder bien fermes. Répéter cette opération 2 à 3 fois, en changeant l'eau chaque fois, pour en retirer l'amertume.

Pour la vinaigrette, mélanger tous les ingrédients (sauf les boutons floraux) en fouettant vigoureusement pour obtenir une vinaigrette lisse et homogène. Verser sur les boutons de tournesol encore tièdes.

DÉLICES FRUITÉS AU CHOCOLAT NOIR OU BLANC

Petits fruits frais au goût, lavés et égouttés
250 g (8 oz) de chocolat noir, mi-sucré ou blanc, fondu
Quelques gouttes de crème 35 %

Sur une plaque à biscuits recouverte d'un papier parchemin, verser ⅓ du chocolat fondu. Placer les petits fruits sur le chocolat de façon à former des lignes droites (distancer les fruits de 2 cm). Verser le reste du chocolat fondu et congeler pendant 1 heure. Sortir la plaque et briser les morceaux avec les mains ou à l'aide d'un couteau bien aiguisé. Déguster bien froid.

ROULEAUX FEUILLETÉS À LA BETTE À CARDE ET À LA SAUCISSE

15 ml (1 c. à soupe) d'huile d'olive
Chair de 2 saucisses italiennes douces ou fortes (ou moitié-moitié)
1 cube de pesto ou de tapenade maison
½ bloc de feta coupé en petits cubes
500 ml (2 tasses) de bettes à cardes finement ciselées
1 pâte feuilletée du commerce

Chauffer le four à 425 °F (220 °C). Dans un grand poêlon, chauffer l'huile et faire cuire la saucisse en l'émiettant. Ajouter le pesto ou la tapenade, la feta et la bette à carde. Chauffer à feu doux pendant 5 minutes. Étendre la pâte feuilletée, déposer le mélange de saucisses au centre, sur la longueur. Refermer la pâte en rabattant les côtés vers le centre (coller les parties avec un peu d'eau ou d'œuf battu) ainsi que les extrémités. Cuire jusqu'à ce que la pâte soit bien dorée.

Bon appétit !

LES INCONTOURNABLES ANNUELLES

Les plantes annuelles à feuillage ou à floraison abondant ou discret, contrastant ou subtilement coloré ont depuis toujours et pour longtemps une place de choix sur le balcon ou la terrasse. Elles permettent de réaliser des compositions florales harmonieuses, vivantes et instantanément colorées qui diffèrent au fil des saisons.

Faire le bon choix

La plupart des plantes annuelles offertes en jardinerie peuvent être cultivées en contenant. Sélectionnées pour leur grande beauté, leurs couleurs, leur parfum, leur silhouette ou leur inflorescence particulière, les plantes annuelles ne cessent de nous surprendre, de nous séduire. Pour des compositions florales réussies, il faut absolument tenir compte des besoins culturaux de chacun des végétaux sélectionnés. De plus, vous devez déterminer une plante vedette, l'accompagner de plantes compagnes et de plantes retombantes (n'oubliez pas les plantes à feuillage décoratif).

À chacune son pot

Pour de bons et beaux résultats, optez pour une balconnière de plus de 20 cm de hauteur et de largeur sur une longueur de 1,2 m maximum, une jardinière suspendue ou un contenant de plus de 40 cm de diamètre. Le contenant choisi doit pouvoir évacuer l'eau de surplus en tout temps. Les pots munis d'un réservoir d'eau doivent être dotés d'un trou d'évacuation préalablement percé. Laissez aller votre imagination et soyez créatifs dans le choix de vos contenants.

Le bon terreau

Le substrat spécialement conçu pour le jardinage en contenant, composé en grande partie de mousse de sphaigne, est de loin le meilleur terreau pour assurer la survie et le bon développement des plantes annuelles cultivées au balcon.

Ensoleillement

La lumière est le facteur le plus important dans le cycle de vie d'une plante. Prenez soin de regrouper dans un même contenant des plantes qui ont les mêmes exigences d'ensoleillement.

De l'eau S.V.P.

Certaines annuelles sont gourmande, tandis que d'autres préfèrent sécher entre les arrosages, c'est pourquoi vous devez associer vos plants selon leur besoin en eau. L'utilisation d'une eau tempérée ou de pluie est recommandée, car une eau trop froide entraîne le jaunissement du feuillage. Il faut favoriser les arrosages matinaux qui leur permettent de rester bien hydratées tout au long de la journée.

La fertilisation tout naturellement

Au moment de la plantation, l'ajout d'engrais granulaire à libération lente au mélange de terreau réduira les apports de nutriments pendant toute la saison de jardinage. Toutefois, un à deux apports d'engrais riches en potassium (juillet et août) redonneront force et beauté à la plupart des plantes annuelles.

Un peu de soins, ça fait du bien

Le binage en surface du terreau une fois par semaine, le nettoyage des fleurs fanées, l'inspection régulière du feuillage et des tiges et une petite taille au besoin, voilà tout ce dont les plantes annuelles cultivées en contenant ont besoin pour préserver leur apparence.

Préparation du pot, étape par étape

1. Placez une moustiquaire ou une toile perméable de type coupe mauvaises herbes) au fond du pot*.
2. Ajoutez le matériel de drainage (7,5 cm)*.
3. Placez une nouvelle toile ou moustiquaire sur le matériel de drainage*.
4. Ajoutez le mélange terreux préhumidifié jusqu'à sa hauteur finale.
5. Ajoutez l'engrais à libération lente (si utilisé) et mélangez en surface.
6. Effectuez la plantation (les végétaux doivent avoir les mêmes exigences de culture et être disposés de façon à respecter l'étalement de chacun, moins ⅓).
7. Laissez un collet d'arrosage en bordure du pot.
8. Tassez bien et arrosez en profondeur.

*Les étapes 1-2-3 ne sont pas nécessaires si vos contenants sont munis d'un réservoir d'eau ou si vous cultivez vos plantes dans des paniers de fibres.

ALSTROEMÈRE

***Alstroemeria* sp.**

40-70 cm | 30-50 cm | 07-09 | soleil | mi-ombre

Cette jolie plante bulbeuse plus ou moins rustique sous notre climat (zone 5-6) est cultivée surtout comme une annuelle. Ses délicates tiges dressées et son abondante floraison bicolore abricot, jaune, rose ou rouge, selon le cultivar utilisé, viennent enjoliver les contenants au milieu de l'été.

Culture et entretien

Les tubercules de l'astroemère peuvent passer l'hiver à l'extérieur s'ils sont en pleine terre et bien recouverts de neige, mais pour les plants cultivés en pot, il est préférable de les faire hiverner à l'intérieur. La division de tubercules est la méthode la plus utilisée pour la multiplication de l'*Alstroemeria* sp. Elle s'effectue en mars sur des plants âgés de plus de deux ans. Ses tubercules délicats et ses fines racines doivent être manipulés avec soin afin de ne pas les endommager. La plantation en pot se fera en mars ou en avril en recouvrant les bulbes de 20 cm de terreau pour bac et jardinière et en leur offrant chaleur et lumière. En été, un terreau bien drainé et riche en compost, une fertilisation riche en potassium et des contenants de 35 cm et plus assureront une belle production.

Dans la maison

Les alstroemères peuvent être rentrées au garage ou dans une pièce fraîche pendant l'hiver (5 à 7 °C). Il faut réduire considérablement les arrosages pendant cette période de repos. En mars, il suffit d'exposer vos contenants à la chaleur et à la lumière pour voir émerger leurs fines tiges érigées.

En association

Sa généreuse floraison en forme de trompette s'harmonise avec de nombreuses plantes à fleurs et à feuillages. Des agencements composés de *Salvia farinacea*, d'*Euphorbia* 'Diamond Frost' et de feuillage léger et fin comme celui des Carex sauront la mettre en valeur. Plante chouchou des fleuristes, elle est très prisée dans la création de bouquets.

Au banc d'essai

ALSTROEMÈRE 'ROCK'N'ROLL'

***Alstroemeria* 'Rock'n'Roll'**

45-60 cm	30-50 cm	07-09	soleil	mi-ombre

La flamboyante floraison rouge orangé de ce cultivar contraste avec son feuillage crème bordé de vert tendre. Une vedette assurée sur le balcon ou la terrasse année après année.

ANGÉLONIE

Angelonia angustifolia

40-45 cm | 30-40 cm | 06-10 | soleil | mi-ombre

Cette généreuse annuelle se distingue par sa floraison prolongée aux multiples coloris allant du blanc au bleu en passant par le rose et le mauve et même le rouge. Ses tiges érigées recouvertes d'un fin feuillage vert foncé supportent de belles grappes terminales débordantes de fleurs labiées qui ressemblent à celles d'une orchidée.

Culture et entretien

Le semis intérieur s'effectue facilement à la mi-mars et la transplantation se fait au balcon lorsque tous les risques de gel seront écartés. Sa germination est rapide. Il arrive parfois que les semences tombées au sol germent spontanément au printemps suivant. Il suffit alors de les transplanter dans vos contenants décoratifs pour profiter de leur beauté tout l'été. Pour cette plante gourmande, des apports d'engrais en alternance toutes les deux semaines durant la belle saison sauront rassasier son grand appétit. En pot, un terreau bien drainé et léger lui convient parfaitement puisqu'elle préfère la sécheresse à l'excès d'eau. Le retrait fréquent de ses fleurs fanées assure une floraison abondante et continue ainsi que des tiges robustes et bien droites.

En association

Très facile à cultiver, l'*Angélonia angustifolia* est une plante d'accompagnement discrète qui cohabite bien avec la plupart des plantes en contenant. Ses épis couverts de délicates fleurs tubulaires s'agencent agréablement avec les plantes à feuillages grossiers ou allongés et les floraisons globulaires ou en corymbe qui auront vite fait de souligner sa beauté.

Au banc d'essai

ANGÉLONIE 'CHERRY RED'

***Angelonia* 'Archangel Cherry Red'**

30-35 cm	20-25 cm	06-10	soleil	mi-ombre

Cette petite angélonia au port trapu et compact se démarque par sa floraison unique d'un rouge intense qui enflamme les terrasses et balcons. Ses fleurs éclatantes, toujours semblables à celles des orchidées, sont plus grosses que celles de l'*Angelonia angustifolia*.

BACOPA

Sutera cordata

10-20 cm	40-60 cm	06-09	soleil	mi-ombre	

Sans doute l'une des plantes annuelles retombantes les plus connues et utilisées dans la conception d'agencements de balcon, le bacopa produit une profusion de minuscules fleurs blanches, roses ou violacées qui cascadent délicatement le long des pots. Son abondante floraison se renouvelle continuellement jusqu'à tard à l'automne.

Culture et entretien

Les boutures de tiges de *Sutera cordata* sont très faciles à produire. Pendant l'été, il peut arriver que certaines tiges s'enracinent elles-mêmes ou forment des racines aériennes à la base de ses délicates feuilles dentelées. Il suffit alors de prélever la partie enracinée et de la transplanter en pot. Il est également possible de prélever des boutures de tiges de 10 cm de longueur en août et de les faire s'enraciner en pot à l'intérieur pendant l'hiver. Pour obtenir des plants plus fournis et denses, le pinçage de ses extrémités lors de la plantation et à quelques reprises durant l'été est recommandé. Un terreau riche et bien drainé enrichi de compost convient bien à sa culture. Des arrosages réguliers et profonds sans toutefois trop détremper ses racines favorisent le développement de ses longues tiges et une abondante production florale.

Dans la maison

Les plants matures de bacopa ou de jeunes boutures peuvent être conservés dans la maison lorsque le froid arrive. Une pièce très lumineuse (une véranda de préférence) et des températures entre 12 et 15 °C lui permettront de survivre à l'hiver.

En association

En paniers suspendus, en pots ou en jardinières, le bacopa recouvre habilement et joliment les abords des contenants. Ses délicates fleurs tubulaires aux teintes variées agrémentent et rehaussent les caractéristiques ornementales des grandes plantes florifères qui l'accompagnent. Il peut également être cultivé seul, car son impressionnante générosité remplit aisément les contenants décoratifs.

Au banc d'essai

BACOPA 'CALYPSO JUMBO LAVENDER'

***Sutera cordata* 'Calypso Jumbo Lavender'**

10-15 cm	25-30 cm	06-09	soleil	mi-ombre

Un impressionnant cultivar bleu lavande à grandes fleurs tubulaires marqué d'un cœur jaune qui attire les regards.

BÉGONIA TUBÉREUX

Begonia x tuberhybrida

20-60 cm | 25-35 cm | 06-09 | mi-ombre | ombre

Voici une magnifique bulbeuse ornementale parfois érigée, parfois retombante, qui saura égayer vos balcons et terrasses ombragés. Ses fleurs délicates aux multiples coloris et aux dimensions variées sont serties d'un feuillage pubescent vert foncé fortement veiné qui en rehausse toute la beauté.

Culture et entretien

Un terreau bien drainé et des arrosages tempérés et modérés sans jamais mouiller le feuillage, voilà la recette pour cultiver de merveilleux bégonias.

Pendant l'été, la suppression de ses fleurs fanées assure une floraison soutenue et abondante. La bouture de tige entière ou la plantation de tubercules sont les méthodes les plus utilisées pour reproduire les *Begonia* x *tuberhybrida*. Lorsque plusieurs tiges atteignent environ 15 à 20 cm, prélevez une tige entière (jusqu'au bulbe) et transplantez-la dans un pot de 15 cm préalablement rempli de terreau humide. Pour la plantation de tubercules, à la fin mars ou au début avril, plantez le bulbe arrondi côté concave vers le haut dans un contenant de 20 cm (à 2 cm de profondeur), exposez-le à la lumière et à la chaleur puis arrosez-le modérément. Lorsque tout risque de gel est écarté, vos bégonias peuvent prendre place sur le balcon ou la terrasse (ombragé).

Dans la maison

La rentrée des bulbes de bégonia tubéreux se fait tard à l'automne, après un premier gel. L'entreposage se fait à même son pot ornemental. Laissez le feuillage jaunir, coupez-le et placez vos contenants dans un endroit sec et ombragé (15-18 °C).

Dans votre assiette

Les fleurs de bégonias tubéreux sont comestibles (voir la section plantes à savourer).

En association

En jardinière, en pot ou en suspension, le bégonia tubéreux sera toujours LA vedette. Les lobélies, les lierres retombants et les asperges ornementales sont des compagnons idéaux pour le mettre en valeur.

Au banc d'essai

BÉGONIA TUBÉREUX 'YELLOW-RED PICOTEE'

***Begonia* x *tuberhybrida* 'Yellow-Red Picotee'**

25-30 cm | 30-45 cm | 06-09 | mi-ombre | ombre

Superbe variété retombante issue de la série Hybride Sun Dancer. Ses grandes fleurs jaunes, tachetées d'orangé, et ses longues tiges ornent joliment les paniers suspendus.

CANNA

Canna

50-175 cm | 35-65 cm | 08-10 | soleil

Cette plante bulbeuse très décorative possède un port architectural remarquable. Tout le long de ses tiges robustes et bien droites s'engainent d'immenses feuilles ovales au bout acuminé souvent bicolore qui illuminent habilement les créations en contenant. À l'extrémité de ses imposantes tiges, bien au-dessus du feuillage, se dressent de magnifiques fleurs réunies en bouquets allant du jaune au rouge en passant par l'orange, le crème et le rose.

Culture et entretien

La division des tiges souterraines (rhizomes) au printemps reste la meilleure méthode de propagation des cannas. À l'aide d'un couteau propre et bien tranchant, détachez les nouveaux rhizomes de la tige mère, laissez sécher 24 heures et transplantez-les dans des pots. Assurez-vous que vos rejetons possèdent au moins deux yeux afin qu'ils soient viables. Pour une floraison assurée, forcez l'apparition de pousses en mars à l'intérieur. Plantez vos bulbes bien à plat dans des pots d'au moins 30 cm de diamètre, à une profondeur de 10 cm. Exposez-les à la lumière et à la chaleur, arrosez-les régulièrement et le tour est joué. En été, une fertilisation toutes les deux semaines et un arrosage régulier favoriseront leur croissance et leur belle coloration. Un terreau pour bac et jardinière enrichi de compost fournira un bon apport de matière organique et assurera un bon drainage.

Dans la maison

Sous notre climat nordique, les rhizomes de cannas sont considérés comme non rustiques ; il faut donc les faire hiverner à l'intérieur. À l'automne, après le jaunissement du feuillage, rabattez les tiges à 15 cm du collet, retirez les rhizomes du récipient et préparez-les pour un repos hivernal bien mérité.

En association

Plante vedette par excellence, elle peut facilement être plantée en solitaire dans un bac ou un pot de plus de 40 cm de diamètre. Il faut être prudent dans le choix des végétaux d'accompagnement, car à lui seul, le canna occupe beaucoup d'espace en contenant.

Au banc d'essai

CANNA 'CLEOPATRA'

***Canna* 'Cleopatra'**

150-175 cm	55-65 cm	08-10	soleil

Un joyau à floraison multicolore qui ne passe jamais inaperçu. Orange, jaunes ou tachetées de rouge, ses fleurs sont magnifiques. Son feuillage vert chartreux strié de chocolat est aussi très décoratif.

CAREX D'OSHIMEN

Carex oshimensis

15-50 cm	30-40 cm	07-09	soleil	mi-ombre	ombre

Ces petites graminées ornementales aussi appelées laîches annuelles possèdent un feuillage lancéolé très décoratif. Bien qu'ils produisent de petits épis floraux brunâtres en été, les *Carex oshimensis* sont surtout utilisés pour leurs feuilles panachées lime, vert tendre ou crème, selon le cultivar. Un peu d'engrais riche en azote lors de la plantation et un ajout de potassium en août lui suffisent.

Culture et entretien

Très facile à cultiver, le carex d'Oshimen se développe rapidement dans un terreau bien drainé enrichi de compost allant de sec à humide, mais il ne tolère pas les terreaux détrempés. Les lieux ensoleillés ou mi-ombragés accentuent la coloration de son feuillage et font ressortir ses éclatantes panachures. Évitez les mélanges de terreau avec cristaux de polymère puisque cette belle annuelle aime sécher entre les arrosages. Il est recommandé de porter des gants lors de la manipulation, car son fin feuillage est tranchant. La division de plant est le meilleur moyen d'obtenir de nouveaux plants de carex.

En association

Tous les contenants de plus de 30 cm lui conviennent. Son port dense et retombant est très recherché dans les suspensions. Comme vedette ou comme compagnon, le carex d'Oshimen ajoute une touche d'originalité et de fraîcheur dans les jardins de balcon.

Au banc d'essai

CAREX D'OSHIMEN 'EVERSHEEN'

Carex oshimensis **'Eversheen'**

40 cm	30-40 cm	07-09	mi-ombre	ombre

Le feuillage lumineux et fin de ce cultivar issu de la série EverColor® est tout simplement superbe. Gracieuses et retombantes, ses feuilles lime marginées de vert clair offrent un spectacle étonnant en milieu ombragé.

CAREX D'OSHIMEN 'EVERLITE'

Carex oshimensis **'Everlite'**

25 cm	20 cm	07-09	soleil	mi-ombre

Le plus petit cultivar de la série EverColor®, ce carex au feuillage crème bordé de vert profond est idéal pour les petits aménagements en contenant.

CÉLOSIE À ÉPIS

Celosia spicata

60-70 cm | 30 cm | 06-10 | soleil | mi-ombre

Cette belle annuelle a beaucoup de panache! Son abondante inflorescence en forme d'épis denses et soyeux se dresse bien haut au bout de ses longues tiges florales droites et robustes. La coloration de ses fleurs est plus prononcée à la base de l'épi et s'atténue vers son extrémité.

Culture et entretien

Le semis est le seul mode de reproduction pratiqué pour la multiplication des célosies à épis. En avril, déposez les graines sur un terreau préalablement humidifié et recouvrez-les finement du même terreau ou de vermiculite. Les jeunes racines des plantules étant frêles et très sensibles aux manipulations, soyez très délicats lors du repiquage et de la plantation dans les contenants. Une acclimatation de 10 jours (jours à l'extérieur, nuits à l'intérieur) avant de les sortir au soleil ou à la mi-ombre est nécessaire pour s'assurer que les plants soient bien solides et résistants.

Un bon terreau pour bac et jardinière et un apport d'engrais à libération lente leur assureront une bonne croissance. En milieu mi-ombragé, évitez les terreaux contenant des cristaux de polymère et laissez-les sécher légèrement entre les arrosages.

Peu gourmands en fertilisation, donnez-leur une fois par mois une dose d'engrais riche en potassium pour que leurs hampes florales soient bien droites et solides.

En association

Tous les contenants ayant un diamètre supérieur à 35 cm peuvent accueillir la *Celosia spicata*. En jardinière, elle est mise en valeur lorsqu'elle est accompagnée d'impatientes de Nouvelle-Guinée blanches placées à la mi-ombre (*Impatiens* x *hawkeri*) ou de quelques gauras (*Gaura lindheimeri*), de lamiers maculés vivaces (*Lamium maculatum*) et de lotiers (*Lotus maculatus*) en lieux ensoleillés.

Au banc d'essai

CÉLOSIE À ÉPIS 'PINK CANDLE'

***Celosia spicata* 'Pink Candle'**

70 cm | 35 cm | 06-10 | soleil | mi-ombre

Ce cultivar possède de superbes et généreux épis floraux rose tendre à rose foncé qui perdurent tout l'été.

COLÉUS

Solenostemon scutellaroïdes

25-60 cm	25-35 cm	07-09	soleil	mi-ombre	ombre

Les coléus sont utilisés depuis longtemps comme plantes d'accompagnement dans les agencements en contenant. Leur feuillage parfois dentelé, gaufré ou frangé, teinté de mille couleurs vivifiantes et marqué de motifs variés, attire les regards.

Culture et entretien

Semez les graines à l'intérieur en février et repiquez-en mars. Un arrosage soutenu et une fertilisation toutes les deux semaines vous assureront des plants en santé. Ajouter ⅓ de compost bien décomposé à votre terreau pour bac et jardinière afin de combler cette plante qui préfère les sols riches et fertiles.

C'est d'abord et avant tout pour l'attrait particulier de son feuillage que le coléus est aussi populaire ; c'est pourquoi il est recommandé de supprimer les épis floraux dès leur apparition puisque leur couleur bleu lavande s'harmonise difficilement à son feuillage. De plus, plus vous retirez les fleurs, plus vous aurez des plants vigoureux et compacts. Pincez régulièrement les extrémités de chaque tige pour favoriser leur ramification.

Dans la maison

À l'automne, il est possible de prélever des boutures de tiges sur des plants sains qui pourront se développer à l'intérieur pendant l'hiver. Le plant mère peut également être conservé bien au chaud (18 °C et plus), en bordure d'une fenêtre orientée au sud, puisque le coléus est frileux.

En association

Le coléus joue à merveille le rôle de point focal : il attire d'abord le regard pour mieux le diriger sur l'élément vedette de la composition. Beaucoup de végétaux peuvent être mis en valeur lorsqu'ils côtoient le feuillage coloré et vibrant de ces belles annuelles. Pour un agencement réussi, utilisez des plantes à fleurs dans les teintes de jaune, de rose, d'orangé et de rouge. Évitez le bleu et ses dégradés qui contrastent beaucoup trop avec son feuillage.

Au banc d'essai

COLÉUS 'COLORBLAZE STRAWBERRY DROP'

Solenostemon scutellaroïdes
'ColorBlaze Strawberry Drop'

15-20 cm	35-45 cm	07-09	soleil	mi-ombre	ombre

Ce joli coléus tolère bien le plein soleil. Ses délicates tiges au port retombant se couvrent de nombreuses feuilles rose et jaune bordées de vert. Il est idéal dans les paniers suspendus et dans les boîtes à fleurs.

COLOCASE COMESTIBLE, TARO

Colocasia esculenta

60-150 cm	50-60 cm	soleil	mi-ombre

Cette grande plante tropicale aux longs pétioles qui supportent d'imposantes feuilles en forme de cœur se cultive facilement en contenant. Son port majestueux et son feuillage très décoratif qui s'incline vers le sol en font une vedette sur le balcon, la terrasse et même dans la maison.

Culture et entretien

La chaleur et les apports d'eau fréquents sont les deux facteurs essentiels à son bon développement. Un terreau toujours humide et frais mais bien drainé assurera la survie de ses tubercules gourmands et de ses grandes feuilles cordées. Au printemps, une fertilisation riche en azote (le premier chiffre dominant) permet le développement rapide des jeunes pousses qui, par la suite, auront besoin de deux apports d'engrais riche en potassium, soit en juin et en août. La division de tubercules tôt au printemps est la méthode de multiplication la plus utilisée. Laissez cicatriser les plaies pendant deux jours et effectuez la plantation en contenant.

Dans la maison

Non rustiques sous notre climat, les plants de *Colocasia esculenta* doivent être remisés à l'intérieur en hiver. À l'automne, lorsque les températures nocturnes avoisinent les 10 °C, entrez vos contenants qui pourront être gardés en éveil sur la véranda, au soleil et à la chaleur ou encore, conservez le tubercule (coupez le feuillage) dans un lieu frais et sec jusqu'à sa plantation en pot en mars-avril.

Dans votre assiette

Bien que ses tubercules rugueux et ses jeunes poussent soient comestibles, il est recommandé de suivre un protocole de préparation et de cuisson très précis avant de consommer la colocase comestible afin d'éviter toute intoxication alimentaire. Les racines tubéreuses pelées et bouillies sont un vrai régal. Finement hachées, les jeunes pousses cuites peuvent se consommer comme des épinards.

En association

Sa prestance et sa beauté exotique sont rehaussées par la présence de plantes à fleurs rouges ou fuchsia et par des plantes à feuillage découpé ou dentelé. De bonne dimension et gourmande en eau, elle préfère la solitude en contenant.

EUPHORBE 'DIAMOND FROST'

***Euphorbia* 'Diamond Frost'**

35-45 cm | 25-35 cm | 06-10 | soleil | mi-ombre

La floraison vaporeuse et délicate de cette annuelle est spectaculaire. Son fin feuillage vert tendre et ses innombrables inflorescences blanches se faufilent ici et là pour créer des compositions florales remarquables et raffinées. Résistante aux caprices de Dame Nature, la chaleur intense ou les pluies abondantes ne lui font pas peur.

Culture et entretien

En été, des arrosages réguliers (elle ne doit jamais manquer d'eau) et une fertilisation bimensuelle lui sont profitables. Bien qu'elle supporte les expositions mi-ensoleillées, c'est au soleil que ses tiges frêles se ramifient pour former des plants compacts au port arrondi. Un terreau pour contenant enrichi d'une part de compost lui procurera l'humidité dont elle a besoin pour s'épanouir. Facile d'entretien, l'*Euphorbia* 'Diamond Frost' ne demande aucune taille durant sa croissance et aucune suppression de ses minuscules inflorescences puisqu'elles s'éliminent elles-mêmes.

Le bouturage de tiges se pratique très tôt (avril) au printemps. Après le prélèvement, rincez l'extrémité de la bouture à l'eau afin de faire coaguler le latex qui s'écoule de la tige coupée. Laissez-les sécher deux à trois jours à l'air libre avant de les mettre dans un terreau léger et humide. Placez plusieurs tiges dans le même contenant afin de produire des plants denses et touffus.

Dans la maison

Lorsque la température, diurne ou nocturne, avoisine les 14 °C, la croissance de la plante est ralentie. Avant le gel, placez vos plants bien au chaud dans la maison et offrez-leur une bonne luminosité, une température fraîche et réduisez considérablement les arrosages (deux à trois fois par mois). En mars-avril, reprenez les arrosages plus régulièrement et rempotez-les au besoin. La sortie se fera lorsque les risques de gel seront écartés.

En association

La légèreté de son feuillage et de ses minuscules fleurs apporte du volume et du mouvement aux compositions florales. En panier suspendu, en jardinière ou en pot, l'*Euphorbia* 'Diamond Frost' est une compagne exceptionnelle qui se glisse partout pour apporter une touche de douceur et de finesse. Des pots de plus de 30 cm de diamètre et de profondeur lui permettent d'atteindre une belle maturité.

GÉRANIUM DES JARDINS

Pelargonium* x *hortorum

30-60 cm	25-30 cm	05-10	soleil

Toujours fidèle au poste, le géranium est un incontournable dans les créations en contenant. Vivace non rustique cultivé comme une annuelle, il produit une profusion de fleurs aux teintes variées qui sont réunies en bouquets terminaux aux extrémités de ses tiges florales robustes. Le vent, le soleil, la sécheresse, rien ne lui fait peur.

Culture et entretien

Le semis de *Pelargonium* x *hortorum* s'avère long et ardu (16 semaines du semis à la plantation). Il est préférable d'opter pour la multiplication par bouture de tiges ou encore, pour l'achat de plants annuellement. Les boutures sont prélevées en septembre puis mises en pot pour un hivernage à l'intérieur avant les gels. Au printemps suivant, vos jeunes plants fleuriront abondamment. En été, il faut les exposer au plein soleil, les arroser régulièrement en laissant la motte s'assécher entre les arrosages et les fertiliser en alternance une fois toutes les trois semaines. Évitez les engrais trop riches en azote, car ils profiteraient surtout au feuillage.

Dans la maison

En hiver, il est possible de conserver en végétation ou au repos vos plants de géraniums à l'intérieur. Si vous décidez de les conserver au repos, une bonne taille (⅔ des tiges) et une pièce fraîche (8 à 10 °C) peu éclairée ralentiront considérablement son développement. Si vous optez pour la croissance continue, une pièce bien éclairée (sud-ouest) et chaude sera alors nécessaire. Arrosez-les modérément et cessez toute fertilisation en hiver.

En association

Toujours en fleurs, ils vivent en harmonie avec la plupart des végétaux et confèrent un équilibre dans toute création de jardin de balcon. Ils jouent à merveille le rôle de plante accent et d'accompagnement. Sa grande résistance aux intempéries fait de cette plante une alliée efficace et fiable.

Au banc d'essai

GÉRANIUM LIERRE
Pelargonium peltatum

50-80 cm | 20-25 cm | 06-10 | soleil

Surnommé le roi des balcons, le géranium lierre assure une cascade de fleurs de la fin juin jusqu'aux premiers gels. Les suspensions et les jardinières sont les contenants les plus adéquats pour accueillir cette belle retombante.

IMPATIENTE DE NOUVELLE-GUINÉE

Impatiens x hawkeri

30-50 cm	30-55 cm	06-09	mi-ombre	ombre

Plus dressée et compacte que la petite impatiente des jardins, cette belle annuelle forme de beaux bouquets très florifères aux couleurs étincelantes allant du violet au rose en passant par le blanc et le rouge. Son feuillage veiné de pourpre contraste avec les teintes vives de ses fleurs évasées.

Culture et entretien

Peu exigeante, l'impatiente de Nouvelle-Guinée se plaît dans un terreau léger, frais et humide. Les contenants de 30 cm de diamètre et plus lui conviennent parfaitement. Des arrosages réguliers qui garderont le terreau humide sans toutefois le détremper sont recommandés. À deux reprises durant l'été, des apports d'engrais naturels prolongeront sa floraison et renforceront ses tiges. Les semis se font en mars pour une sortie à la fin de mai. Les graines semées en surface ont besoin de lumière et d'humidité pour assurer leur germination. La bouture de tige peut également être pratiquée, mais ne donne pas toujours de bons résultats.

Dans la maison

Puisqu'il s'agit d'une plante non rustique, les impatientes pourront hiverner à l'intérieur au frais sous un éclairage tamisé. Il est recommandé de réduire les arrosages en période de repos (une fois par mois). Le retour à la végétation se fait en mars dans une pièce chaude et lumineuse.

En association

Les fleurs abondantes et flamboyantes de cette impatiente enflamment les paniers suspendus, les balconnières et tout autre contenant disposés à l'ombre ou à l'ombre légère. Seule ou accompagnée de plantes délicates et aériennes, elle attire les regards et ne passe jamais inaperçue. Bien que certains cultivars résistent aux lieux ensoleillés, il faut rester vigilant et limiter les expositions aux chauds rayons du midi.

Au banc d'essai

IMPATIENTE DE NOUVELLE-GUINÉE 'WHITE BALBIGITE'

Impatiens hawkeri **'White Balbigite'**

40-60 cm | 40-70 cm | 06-09 | soleil | mi-ombre | ombre

Cette impatiente blanc immaculé au cœur parsemé de rose tendre résiste bien aux lieux ensoleillés. De bonne dimension, elle illumine les suspensions, les jardinières et les pots, peu importe leur emplacement dans le jardin.

LANTANIER

Lantana camara

30-70 cm | 30-60 cm | 06-10 | soleil

Cette belle annuelle au port arbustif fait la joie des papillons. Ses minuscules fleurs aux coloris changeants, selon le cultivar, sont regroupées au sommet de ses tiges robustes pour former de jolies ombelles qui s'épanouissent jusqu'aux premiers gels.

Culture et entretien

Grand amateur de chaleur et de lumière, le lantana est idéal pour la culture en pot sur la terrasse ou le balcon. Bien qu'il tolère les épisodes de sécheresse, des arrosages plus soutenus et réguliers lui seront bénéfiques en période de grande chaleur.

Tout au long de son développement, la suppression de ses fleurs fanées assurera une floraison plus abondante et prolongée. Des apports d'engrais une fois par mois renforcent ses tiges et le préparent pour son repos hivernal à l'intérieur.

Le bouturage de ses tiges semi-ligneuses est de loin la méthode la plus efficace pour multiplier le *Lantana camara*. À l'automne, prélevez des tiges de 10 cm de long que vous planterez dans un petit pot rempli de terreau léger et humide. Pendant la saison froide, offrez à vos jeunes boutures beaucoup de chaleur et de lumière afin qu'elles se développent pleinement pour former de beaux plants qui fleuriront la saison suivante.

Dans la maison

Bien avant les gels (10 °C), il faut entrer vos lantaniers. Une fine taille (¼ des nouvelles tiges) et un emplacement au frais lui permettront de se reposer pendant l'hiver. Assurez-vous de garder la motte de terreau légèrement humide, mais jamais détrempée. En mars, offrez-lui plus de lumière et de chaleur et retaillez les tiges (⅓ de leur longueur) afin de ramifier et de densifier vos plants.

En association

Les pots de plus de 45 cm de diamètre et les jardinières de grandes dimensions sont les contenants les mieux adaptés pour cultiver le lantanier. En association avec de belles grandes graminées, des cannas ou encore en regroupant plusieurs plants variés de *Lantana camara*, vous obtiendrez des agencements remarquables et originaux.

PATATE DOUCE ORNEMENTALE

Ipomoea batatas

35-120 cm	30 cm	soleil	mi-ombre

Ce bulbe tendre et comestible, au port gracieux et volubile a subi au fil du temps de nombreux croisements qui ont permis le développement de variétés aux feuilles très découpées et aux coloris allant du vert clair au pourpre foncé qui font la joie des amateurs de jardinage.

Culture et entretien

La multiplication de ce bulbe non rustique se fait surtout par bouture de tiges à la fin de l'été ou par division de tubercules. Pour réussir la propagation à partir du bulbe, il est important de garder au moins deux yeux sur chaque morceau qui servira à la reproduction. Avant de planter vos fragments de tubercule, laissez-les sécher à l'air pendant 24 heures : il se formera une fine pellicule protectrice sur la plaie qui le protégera de la pourriture.

Arrosée et fertilisée régulièrement, l'ipomée sera belle et en santé. Un bon terreau pour jardinière enrichi de compost lui est favorable. Pour une coloration soutenue, le plein soleil lui est nécessaire. Une taille d'entretien tout au long de l'été vous permettra de contrôler sa croissance qui risque parfois d'être trop importante puisque ses longues tiges peuvent atteindre jusqu'à 75 cm d'étalement.

Dans la maison

Les tubercules des *Ipomea batatas* peuvent être gardés en hiver à l'intérieur dans un lieu sec et sans lumière (10 °C et plus). Un sac de papier ou une boîte rempli de sphaigne ou de vermiculite légèrement humide leur servira de nid pendant leur repos. En avril, divisez vos tubercules et plantez-les dans des contenants de 10 cm. Exposez-les à la chaleur et à la lumière, à l'intérieur, jusqu'à ce que les risques de gel soient écartés.

En association

Peu importe le récipient utilisé (pourvu qu'il soit de dimension assez grande), l'*Ipomoea batatas* est toujours spectaculaire. On peut l'utiliser comme retombante ou comme grimpante (dans ce dernier cas, il faut l'attacher puisqu'elle n'a pas de vrilles). Elle est toujours éblouissante en association avec les plantes à floraison vive et abondante ou avec des graminées exubérantes et colorées.

PENNISETUM SOYEUX À FEUILLAGE POURPRE

***Pennisetum setaceum* 'Rubrum'**

70-90 cm	40-50 cm	07-10	soleil

Voici l'une des graminées les plus populaires pour la culture en contenant. Son feuillage regroupé en touffes s'arque délicatement pour donner l'impression d'une cascade aux teintes rouge violacé. Ses tiges florales dressées portent à leur extrémité des épis pourpres gracieux.

Culture et entretien

Bien que le pennisetum soyeux à feuillage pourpre puisse se multiplier par semis, il est recommandé de le reproduire par division de touffes en mai. Si toutefois vous optez pour le semis, faites-le en février, mais sachez que le cultivar pourpre 'Rubrum' ne se reproduit pas fidèlement lorsqu'il est semé.

Le plein soleil lui est essentiel pour une belle coloration. Cette graminée est très gourmande en eau, car elle possède un système racinaire abondant. Facile d'entretien, résistante aux insectes et aux maladies, elle ne nécessite aucune fertilisation ni aucune taille durant sa période de croissance. Un bon terreau pour bac et jardinière enrichi de compost (1 pour 1) lui suffit.

Dans la maison

Entrez le plant mère dès les premières périodes de froid et placez-le dans un endroit frais (7 °C) jusqu'en janvier. Par la suite, rabattez le plant à 20 cm de la base, puis placez-le à la lumière et à la chaleur jusqu'à la fin avril. En mai, vous pourrez procéder à la division de petites touffes puisque le pennisetum soyeux sera sorti de son repos hivernal.

En association

Plante vedette par excellence, elle est magnifique en association dans des bacs de grandes dimensions et des pots de plus de 50 cm. Dans les petits contenants, elle préfère la solitude, car sa forte prestance suffit pour obtenir l'effet décoratif recherché. Malgré sa dimension imposante, elle apporte une touche de douceur et de légèreté grâce à son port retombant et ses feuilles lâches et étroites magnifiquement colorées.

Au banc d'essai

PENNISETUM SOYEUX 'BEAUTY OF MARRAKECH'

Pennisetum setaceum **'Beauty of Marrakech'**

90-110 cm	35-50 cm	07-09	soleil

Belle graminée au feuillage fin et allongé vert foncé. Ses longues tiges florales portent de superbes épis rose pourpré tout au long de la belle saison.

PLECTRANTHE

Plectranthus forsteri

40-100 cm 40-100 cm 07-09 soleil mi-ombre ombre

Le *Plectranthus forsteri* possède de longues tiges au port retombant et un feuillage odorant dentelé parfois vert tendre, parfois marginé de blanc (*Plectranthus forsteri Variegata*). Certains cultivars nous offrent en été une floraison discrète ou spectaculaire allant du bleu au violet en passant par le rose ou le blanc crème.

Culture et entretien

Sans contredit le plus populaire et le plus utilisé, le *Plectranthus forsteri* est très facile à cultiver et à multiplier. Un terreau drainant et riche, des arrosages copieux et une fertilisation toutes les deux semaines en alternance à partir du mois d'avril vous donneront des plants denses et robustes. Selon le cultivar choisi, il peut facilement tolérer les emplacements ensoleillés, bien que la plupart préfèrent les lieux légèrement ombragés à ombragés. Sa multiplication est possible par boutures de tiges effectuées à l'automne sur des plants sains et vigoureux. Placez plusieurs sections de tiges dans de petits contenants et gardez-les à l'ombre à l'extérieur en vérifiant les arrosages. Fragiles au froid, les plants et les jeunes boutures de tête doivent hiverner à l'intérieur bien avant les risques de gels.

Dans la maison

En hiver, le plectranthe devient une belle plante d'intérieur retombante peu exigeante et très ornementale. Offrez-lui les mêmes soins que ceux que vous prodiguez à vos plantes d'appartement soit des arrosages réguliers, une température entre 18 et 21 °C et une intensité lumineuse tamisée et il saura vous combler. Toutefois, sachez que les expositions trop ensoleillées et chaudes en hiver peuvent brûler ou assécher son feuillage.

En association

C'est une plante d'accompagnement qui se plaît tant en pot (35 cm et plus), en jardinière (70 cm de long et plus) qu'en suspension. Vu sa grande générosité foliaire, un seul plant suffit amplement à orner vos contenants.

Au banc d'essai

PLECTRANTHE 'MONA LAVENDER'

***Plectranthus* 'Mona Lavender'**

60-90 cm	60-80 cm	06-10	soleil	mi-ombre

Un des plus beaux cultivars de plectranthes. Son feuillage délicat semi-retombant vert très foncé au revers pourpre et sa magnifique floraison en épis lâches bleu lavande sont uniques et remarquables. Les colibris en raffolent.

SAUGE FARINEUSE

Salvia farinacea

50-60 cm 30-35 cm 06-10 soleil

La floraison en épis bleu lavande, blanchâtre ou bicolore de la sauge farineuse ajoute une touche de douceur aux agencements floraux. Ses feuilles délicates et ses tiges rigides sont recouvertes d'un fin duvet argenté qui lui donne l'aspect du velours et la teinte subtile de bleu.

Culture et entretien

Le semis de *Salvia farinacea* s'effectue au début du mois de mars dans un terreau pour semis et boutures légèrement humide. Il faut recouvrir les graines d'une fine couche de terreau ou de vermiculite et assurer aux semences une bonne chaleur de fond (20-23 °C). La germination se produit au bout de 8 à 12 jours. Lorsque les plantules ont atteint de 15 à 20 cm de hauteur, il est recommandé de pincer la tête (retirer le bourgeon terminal à l'aide d'un sécateur) pour permettre une bonne ramification des plants et ainsi obtenir des plants plus denses et florifères.

Des arrosages réguliers et profonds avec de l'eau tempérée, une bonne fertilisation d'appoint toutes les trois semaines et une exposition ensoleillée donneront des plants vigoureux et très productifs.

En association

Dans tous les contenants, bacs, suspensions, jardinières, etc., la sauge farineuse trouve toujours sa place. Sans contredit l'une des meilleures plantes d'accompagnement, elle s'associe très bien aux plantes suivantes : géraniums des jardins (*Pelargonium* x *hortorum*), tabac d'ornement (*Nicotiana alata*), bégonia rouge Dragon Wing (*Begonia* x *hybrida Red Dragon Wing*), hélichrysum argenté (*Helichrysum petiolare*), phormium à feuillage vert (*Phormium tenax*) et brachyscome blanc (*Brachyscome hybrida*).

Au banc d'essai

SAUGE À PETITES FEUILLES 'HOT LIPS'

***Salvia microphylla* 'Hot Lips'**

70-80 cm	50-60 cm	07-10	soleil

D'humeur changeante, cette sauge au port arbustif produit tôt en été de minuscules fleurs blanches qui deviennent tachetées de rouge intense sous la chaleur des rayons du soleil. Peu exigeante, elle joue le rôle de vedette à la perfection en association dans des pots de plus de 50 cm de diamètre.

SÉNEÇON BLANC 'ANGEL WINGS'

***Senecio candicans* 'Angel Wings'**

30-40 cm | 30-60 cm | 07-09 | soleil | mi-ombre

Personne ne peut rester indifférent devant la magnificence du feuillage unique du séneçon blanc 'Angel Wings'. Ses larges feuilles ondulées, velues et douces au toucher ainsi que sa teinte argentée font de lui une vedette assurée en contenant. Bien que cette annuelle produise de petites fleurs jaunes en été, c'est principalement pour son feuillage qu'elle sera cultivée.

Culture et entretien

De croissance rapide et peu gourmand en eau, le séneçon 'Angel Wings' est parmi les plantes pour contenant les plus faciles à cultiver. Dans un terreau drainant et léger, pas trop humide, il devient robuste et luxuriant.

Sa grande résistance au froid (jusqu'à -5 °C) nous permet de prolonger son utilité au balcon. Toutefois, une exposition au vent froid est à proscrire. Il garde ses magnifiques feuilles toute l'année et un simple nettoyage au printemps avant son retour sur la terrasse lui redonne ses lettres de noblesse.

Le retrait de ses fleurs prolonge la vie du plant et renforce sa productivité. Bien que le séneçon puisse être semé et bouturé, l'achat de plants bien développés reste la meilleure façon de se procurer cette merveilleuse annuelle.

Dans la maison

Juste avant les gels, le *Senecio candicans* 'Angel Wings' devra être rentré. Puisqu'il est peu exigeant en soins, sa culture intérieure est très facile. Un éclairage généreux et des arrosages modérés (comme les succulentes) suffisent pour le préserver longtemps, dehors comme dedans.

En association

Seul ou avec d'autres, le séneçon blanc est toujours spectaculaire. Des pots de grandes dimensions (50 cm et plus) lui permettent de bien se développer et de démontrer son fort potentiel décoratif. La prestance de son feuillage se marie bien avec de petites plantes compagnes florifères aux coloris vifs et intenses qui sauront le border et le mettre en valeur ou encore avec de belles graminées au feuillage pourpre et filiforme. Résistant aux températures fraîches, il est très utilisé dans les agencements d'automne.

STIPE DÉLICATE 'PONY TAIL'

***Stipa tenuissima* 'Pony Tail'**

40-65 cm	30 cm	07-09	soleil

Cette délicate graminée annuelle est aussi appelée *Nassella tenuissima*. Son feuillage gracile extrêmement fin et léger et ses épis grêles s'agitent et louvoient à la moindre brise. En été, une inflorescence semblable à la queue d'un cheval vient enjoliver les plants. D'abord blanchâtres, ses gracieux plumeaux deviennent plus dorés en automne.

Culture et entretien

Préférant les terreaux légers et très bien drainés, l'ajout de compost lors de sa plantation en contenant n'est pas nécessaire. Comme cette graminée tolère très bien la sécheresse, il faut l'arroser avec modération. Pensez cependant à augmenter les arrosages en période de sécheresse prolongée ou par temps venteux.

Un lit de drainage installé au fond du contenant permettra au surplus d'eau de mieux s'évacuer. Les stipes se reproduisent bien par semis. Au début de mars, déposez les graines sur un terreau pour semis en prenant soin de ne pas les recouvrir. Pressez fermement afin d'assurer un bon contact entre la semence et le terreau préhumidifié. Arrosez régulièrement, mais assurez-vous de ne pas détremper le substrat, ce qui ferait pourrir les graines.

Après la germination, placez vos jeunes pousses dans un endroit ensoleillé mais frais afin de mieux contrôler leur étiolement. Les jeunes plantules pourront être plantées en contenant et placées au balcon lorsque tout risque de gel sera écarté. Il arrive parfois que la *Stipa tenuissima* 'Pony Tail' se ressème elle-même et que de petits plants repoussent dans vos contenants au printemps suivant.

Dans la maison

La culture ou la conservation à l'intérieur en hiver n'est pas souhaitable, car son espérance de vie est de courte durée.

En association

Cette graminée exceptionnelle accompagne bien les plantes annuelles florifères au port érigé. En complément, de jolies retombantes à feuillage décoratif ou à fleurs peuvent être plantées à sa base pour accentuer son port gracieux.

CELLES QUI GRIMPENT

Plusieurs plantes grimpantes se cultivent très bien en pot. Au balcon, judicieusement disposées, elles permettent la création d'écrans d'intimité, de jardins verticaux et la rentabilisation de l'espace cultivable. À l'intérieur, elles sont souvent utilisées ou présentées comme plantes retombantes alors que si nous leur offrons un support adéquat, elles peuvent se hisser et orner les murs de certaines pièces.

Faire le bon choix

Tout d'abord, il est important de déterminer le rôle qu'elles auront à jouer au balcon ou dans la maison afin de les mettre en valeur. Seront-elles sélectionnées pour leur magnifique floraison ou pour leur feuillage décoratif? Devront-elles servir de toiles de fond ou apporter un peu de fraîcheur sur la terrasse? Voici les questions auxquelles vous devrez répondre afin de faire le bon choix.

Tuteurs et cie

Pour conserver leur port grimpant, pour soutenir leurs tiges trop lourdes ou secouées par le vent, les plantes grimpantes en contenant ont besoin d'un bon support pour limiter les bris de tiges. Il doit être solide tout en étant discret et harmonieux.

Son diamètre doit être équivalent ou légèrement supérieur à celui des tiges qu'il soutient et sa résistance doit lui permettre de supporter le poids des tiges au moment de la floraison ou de la fructification. La base du tuteur ou du support doit toucher le fond du contenant et sa hauteur doit représenter les ¾ de la hauteur de la plante supportée à maturité.

GLOIRE DU MATIN

Ipomoea purpurea

200-300 cm	20-30 cm	07-10	soleil	mi-ombre

Très volubile et productive, la gloire du matin est toujours aussi populaire auprès des amateurs de jardinage en contenant. Leurs jolies trompettes colorées qui se referment à la tombée du jour, leurs feuilles cordées et leurs longues tiges qui s'entortillent avec agilité autour des supports verticaux apportent une nouvelle dimension aux agencements de balcons et de terrasses.

Culture et entretien

Un mélange d'une part de compost et de deux parts de terreau pour la culture en contenant favorisera la croissance tant foliaire que florifère de l'*Ipomeoa purpurea*. Des arrosages soutenus et une fertilisation mensuelle riche en phosphore et en potassium (2e et 3e chiffres) lui sont favorables. Le semis des gloires du matin se fait en mai à l'intérieur, mais peut également se faire directement en pot lorsque les gels tardifs sont chose du passé. Avant d'effectuer le semis, un trempage dans l'eau tiède pendant 12 heures est recommandé pour briser l'enveloppe robuste qui recouvre les graines d'*Ipomoea purpurea*. Les semis intérieurs devront être faits dans des contenants biodégradables, car cette grimpante ne supporte pas la transplantation. Une fine couche de substrat humide doit recouvrir les semences pour une meilleure germination (1 cm).

En association

Plantées dans une jardinière déposée au sol ou dans de grands bancs de culture, les *Ipomoea purpurea* s'amuseront à grimper rapidement sur les treillis qui seront mis à leur disposition. Leur port étant très érigé, la plupart des plantes comestibles ou ornementales profiteront de leur présence et de l'ombre partielle que leurs longues tiges leur procureront.

Au banc d'essai

GLOIRE DU MATIN 'SUNRISE SERENADE'

Ipomoea purpurea **'Sunrise Serenade'**

180-200 cm	60-69 cm	07-10	soleil	mi-ombre

Voici un très joli cultivar de gloire du matin à fleurs doubles qui arbore une coloration rouge magenta. Sa gorge blanche attire l'attention et accentue la vibrance de ses pétales un peu hirsutes et décoiffés.

MANDEVILLA 'SUN PARASOL'

***Mandevilla* 'Sun Parasol'**

70-80 cm	30-40 cm	07-10	soleil

Cette belle grimpante tropicale qu'on appelle aussi *Dipladenia* 'Sun Parasol' possède des tiges gracieuses qui s'enroulent autour des structures décoratives ou retombent le long des bordures des contenants. Ses feuilles ovales et profondément nervurées sont vert foncé et très lustrées. En été, elle se couvre de trompettes rouges délicatement parfumées qui suivent les mouvements du soleil.

Culture et entretien

Pendant l'été, offrez-lui un endroit chaud et ensoleillé abrité des vents, et évitez les déplacements fréquents qui auraient pour conséquence de causer la chute des feuilles et des fleurs. Cette tropicale aux longues tiges est très gourmande en fertilisation et en eau, mais il faut éviter de laisser l'eau stagner dans la soucoupe, ses racines étant très fragiles à la pourriture.

Un terreau riche en matière organique et bien drainant offre à cette gourmande tout ce qu'il lui faut pour bien se développer. La propagation par boutures de jeunes rameaux est simple et facile. En été, prélevez des segments terminaux de jeunes tiges et faites-les s'enraciner dans un petit pot inséré dans un sac de plastique clair que vous placerez à l'extérieur à la mi-ombre.

Vous pouvez également multiplier le *Mandevilla* 'Sun Parasol' par semis effectués en mars en fournissant une bonne chaleur de fond pour une meilleure germination. Préparez votre mandevilla pour son repos hivernal en taillant les ⅔ des nouvelles pousses immédiatement après sa floraison.

Dans la maison

Lorsque les températures nocturnes frôlent les 10 °C, entrez vos plants de mandevilla. Conservez-les bien attachés à un support et placez-les dans une pièce fraîche et lumineuse. Au printemps, taillez les tiges qui se seront étiolées et vérifiez la solidité du support avant de les installer au balcon.

En association

Les contenants idéaux pour la culture du mandevilla doivent avoir un minimum de 30 cm de diamètre et de profondeur. Volumineux et vorace, il préfère être seul dans son pot. Choisissez-lui un beau contenant suspendu décoratif pour souligner toute sa beauté ou donnez-lui une place dans un pot au balcon.

POIS DE SENTEUR

Lathyrus odoratus

50-180 cm | 30 cm | 06-10 | soleil | mi-ombre

Les tiges élancées du pois de senteur portent des vrilles qui leur permettent de s'élever tout doucement vers le ciel. Ses fleurs aux couleurs variées et bicolores qui dégagent un doux parfum suave et enivrant (surtout celui des variétés anciennes) nous charment et nous ensorcellent.

Culture et entretien

Un bon substrat enrichi de matière organique et bien drainant ainsi que des apports d'engrais riche en phosphore appliqués chaque deux semaines sont nécessaires pour combler l'appétit vorace de cette grimpante annuelle.

Des arrosages réguliers surtout par temps chaud ou venteux permettent à ses longues tiges de conserver leur turgescence et leur vigueur. À la mi-mai, les graines de *Lathyrus odoratus* peuvent être semées à l'extérieur directement dans un pot de culture décoratif de plus de 40 cm de diamètre et de profondeur.

Un trempage de 24 heures en eau tiède des semences favorisera et accélérera leur germination. Lorsque les jeunes plantules ont atteint 15 à 20 cm de hauteur, il faut les tailler de moitié afin qu'elles puissent se ramifier et devenir plus vigoureuses.

Le semis peut également se faire à l'intérieur, mais les jeunes plants sont très fragiles à la transplantation. Tout au long de son développement, le retrait de gousses en formation permettra de prolonger la floraison. À la fin de l'été, les gousses matures qui ont été conservées et séchées sur le plant renferment des graines parfois fertiles qui pourront être préservées au sec à l'intérieur (dans un sachet de papier) et plantées au printemps suivant.

En association

Dans vos agencements de balcon, le pois de senteur ajoutera une touche de verticalité et de légèreté. Certains cultivars nains, ne dépassant pas 50 cm de hauteur, peuvent être utilisés en suspension ou comme retombants. Ils peuvent servir d'écran d'intimité fleuri ou encore de brise-vent. Les fruits du *Lathyrus odoratus* sont toxiques.

THUNBERGIE AILÉE

Thunbergia alata

150-200 cm	60-90 cm	07-10	soleil

Très populaire pour son impressionnante et abondante floraison, la Thunbergie ailée évolue sans cesse. Typiques de l'espèce, ses fleurs simples orange foncé au cœur noir, d'où son appellation de Suzanne aux yeux noirs, se déclinent également en rose, jaune et blanc, selon le cultivar.

Culture et entretien

La *Thunbergia alata* affectionne tout particulièrement les terreaux riches, frais et bien drainés. Tout au long de l'été, des arrosages soutenus assurent la survie de cette assoiffée et lui permettent de solidifier ses longues tiges et de produire une grande quantité de fleurs. À partir de juin, des fertilisations bimensuelles riches en phosphore et en potassium (2e et 3e chiffres) lui permettent de s'entortiller sur son treillis pour atteindre parfois plus de 2 m. Sa propagation par semis intérieur en avril est très facile. Déposez les graines sur un terreau humide bien drainant et recouvrez-les de quelques millimètres. De petites plantules pointeront le bout de leur nez 18 à 20 jours plus tard. Elles seront par la suite plantées dans un pot ou une jardinière de plus de 30 cm de diamètre et placées au balcon après les derniers gels.

En association

Cette belle volubile peut être utilisée comme grimpante ou retombante. En jardinière suspendue, elle fait office de plante de bordure et cascade le long du pot. Sur un support, elle s'élève vers le ciel et s'enroule solidement. Elle aime la compagnie d'autres sarmenteuses telles que le houblon, les gloires du matin ou encore les kiwis ornementaux. Les plantes légères comme les euphorbes 'Diamond Frost' et les asperges d'appartement accentuent sa beauté.

Au banc d'essai

THUNBERGIE 'ARIZONA ROSE SENSATION'

***Thunbergia alata* 'Arizona Rose Sensation'**

150-200 cm	60-90 cm	07-10	soleil

Tout de rose vêtu, ce magnifique cultivar rose intense est une merveille. Ses pétales fortement veinés de fuchsia font ressortir toute l'intensité de son cœur sombre et ténébreux.

LES VIVACES, LES ARBUSTES ET LES CONIFÈRES

Il est possible, voire relativement facile, de cultiver des vivaces, arbustes et conifères en contenant sur la terrasse et le balcon. Il suffit de tenir compte de certains facteurs qui influencent directement leur viabilité, tels que la rusticité, le développement racinaire et la croissance végétative de chaque plante sélectionnée.

Faire le bon choix

La rusticité des végétaux est identifiée par des chiffres de 0 à 9 et regroupée selon les conditions climatiques d'une région donnée. Le chiffre 0 représente la zone la plus froide et le 9 la plus chaude. Lorsque vous achetez une plante rustique en zone 5, cela signifie qu'elle a la capacité de s'adapter et de survivre dans cette zone sans trop de protection hivernale. Pour la culture au balcon, vous devez choisir des plantes dont la rusticité est inférieure de deux zones à celle habituellement recommandée dans votre région. En règle générale, les vivaces, les arbustes et les conifères cultivés en contenant dont la zone de rusticité se situe entre 3 et 1 peuvent facilement être conservés plusieurs années à l'extérieur en pot.

Deux autres facteurs vous aideront à faire le bon choix, il s'agit de la croissance végétative et du développement racinaire. Une plante rustique qui croît rapidement en hauteur et en largeur et dont les racines sont profondes et nombreuses peut vite se trouver à l'étroit dans un contenant. L'espace de culture étant très limité, il devient parfois impossible de combler ses besoins.

À chacune son pot

Le récipient dans lequel vos plantes rustiques seront cultivées est très important. Tous les matériaux peuvent être utilisés à l'exception de la terre cuite et des poteries qui sont fragiles aux gels et du métal qui est conducteur de froid ou de chaleur. La dimension des pots joue un rôle capital dans la survie de vos plantes. Il faut prévoir un contenant dont le diamètre est trois fois plus grand que celui dans lequel se trouve votre plante lors de son achat et une fois et demie plus profond pour avoir un volume de terreau suffisant. Un contenant de plus de 60 cm de profondeur et de largeur s'avère une excellente option. Avant la plantation, recouvrez l'intérieur des parois et le fond (attention de percer le fond pour laisser s'échapper les eaux de surplus) du pot avec une mousse en polystyrène (styromousse) résistante à l'eau d'une épaisseur de 5 cm. Les contenants munis d'un réservoir d'eau ne sont pas recommandés pour la culture des plantes rustiques.

Le bon terreau

Une terre nourricière, riche en matière organique, est appropriée pour réussir la culture de vivaces, arbustes et conifères cultivés en contenant. Un bon mélange de terre à jardin, de compost et de terreau pour contenant (à parts égales) permettra de retenir l'eau et les éléments nutritifs dont vos plantes ont besoin pour se nourrir et ainsi leur assurer un bon développement racinaire. Ce mélange permet également d'assurer une bonne protection contre les fluctuations fréquentes de températures, principalement en hiver. Chaque printemps, un ajout de compost sur la surface du pot redonnera de la vigueur à vos plantes.

Ensoleillement et emplacement

Tout comme pour les autres végétaux, une bonne connaissance de leurs besoins est essentielle pour obtenir des résultats positifs. Une plante rustique à qui on fournit le bon ensoleillement, tout en la protégeant des vents et des intempéries, sera saine et en santé année après année.

De l'eau S.V.P.

Les plantes rustiques cultivées en pot ont des besoins très précis qu'il faut respecter. Le terreau doit sécher en surface, à une profondeur de 5 à 7,5 cm (deux phalanges) entre les arrosages. Toutes craignent les excès d'eau. Pour les conifères et les arbustes à feuillage persistant, il faut poursuivre les arrosages jusqu'à ce que le terreau soit gelé afin de prévenir la dessiccation du feuillage pendant l'hiver. Tôt au printemps, au dégel, les arrosages doivent recommencer.

La fertilisation tout naturellement

Les engrais doux et naturels pour plantes vivaces ainsi que ceux pour conifères et arbustes conviennent parfaitement. Le dosage sera toutefois modifié (vérifier les recommandations du fabricant).

Un peu de soins, ça fait du bien

Au besoin, une taille sera pratiquée avant le débourrement printanier sur les arbustes et vers la mi-juin pour les conifères. Les vivaces seront taillées et nettoyées au printemps, et non à l'automne, afin de permettre à la neige de s'accumuler et de bien protéger leurs racines des écarts de température. Le rempotage s'effectuera tous les trois ans pour les plants qui seront trop à l'étroit.

Quand vient l'hiver

Même s'ils ont la capacité de résister aux diverses conditions climatiques, vous devez les préparer à affronter les rigueurs de nos hivers québécois. Plus la quantité de terreau dans le bac ou le pot est importante, moins les racines sont affectées par les gels et les dégels assez fréquents en hiver. Si vous en avez la possibilité, regroupez vos récipients dans un endroit abrité des vents, là où la neige s'accumule facilement, idéalement à l'est ou au nord et près de la maison. Finalement, si vous le jugez nécessaire, recouvrez vos plantes et leur contenant d'une couverture hivernale plastifiée sur un côté (mettre vers l'extérieur), enlevez les soucoupes sous les pots puis surélevez les pots pour éviter les accumulations d'eau.

Préparation du pot

- Placez une moustiquaire ou une toile perméable au fond du pot.
- Ajoutez le matériel de drainage (7,5 cm).
- Placez une nouvelle toile ou moustiquaire sur le matériel de drainage.
- Ajoutez le terreau préhumidifié et la plante rustique.
- Ajoutez l'engrais à libération lente (si utilisé) et mélangez en surface.
- Laissez un collet d'arrosage en bordure du pot.
- Tassez bien et arrosez en profondeur.

BUIS 'GREEN VELVET'

***Buxus* 'Green Velvet'**

50-75 cm	50-75 cm	soleil	mi-ombre	ombre	4

Ce petit arbuste à feuillage persistant et au port arrondi est très populaire dans les agencements en contenant. Il est idéal pour créer des sphères ornementales bien rondes et parfaites. Bien qu'il soit rustique, il requiert une bonne protection hivernale au balcon. La taille se pratique au printemps.

HÉMÉROCALLE 'BLACK EYED STELLA'

***Hemerocallis* 'Black Eyed Stella'**

35-40 cm	40-45 cm	soleil	06-09	3

Cette hémérocalle de petite taille fleurit abondamment pendant tout l'été. Ses belles coupoles jaunes tachetées de rouge sont délicieuses en salade ou farcies. Elle ne requiert aucune protection hivernale particulière bien qu'une fine couche de paillis à sa base la protégera des fluctuations de température.

HOSTA 'HALF AND HALF'

***Hosta* 'Half and Half'**

30 cm	50 cm	07-08	mi-ombre	ombre	3

Parfait pour la culture en pot, ce petit hosta au feuillage vert foncé strié de blanc ne passera pas inaperçu. Sa délicate floraison lavande est comestible et son feuillage est résistant aux limaces. Nul besoin de protection en hiver.

THUYA OU CÈDRE 'DEGROOT'S SPIRE'

Thuja occidentalis 'Degroot's Spire'

2 m	80 cm	soleil	3

Très prisé pour son port colonnaire, il fait des merveilles sur le balcon ou la terrasse. De croissance assez lente, il ne requiert que très peu de taille. Un pot de grande dimension, préférablement isolé, suffit à le protéger des écarts de température hivernale. Arrosez-le jusqu'aux premiers gels.

LES PLANTES TROPICALES D'INTÉRIEUR

Qu'elles soient à fleurs ou à feuillage, colorées ou verdoyantes, les plantes d'appartement trouvent toujours une place dans nos intérieurs. Elles permettent de créer des décors personnalisés et uniques et apportent une note de fraîcheur, de pureté, peu importe leur emplacement. De bonnes connaissances de leurs besoins en luminosité, en eau ainsi que des températures adéquates optimisent vos chances de réussite et leur permettent de se développer pleinement. Côté entretien, un bon terreau, des arrosages ajustés selon les besoins de chacune, une fertilisation équilibrée et quelques soins esthétiques suffisent à les garder en santé.

À l'intérieur comme à l'extérieur

Bien plus que de simples plantes ornementales, les plantes d'appartement assainissent l'air de nos intérieurs.

Purificatrices oui, mais comment font-elles ?

En absorbant les polluants volatils par leurs feuilles qui sont ensuite transportés vers les racines par un processus appelé translocation. Par la suite, les microorganismes présents dans le sol convertissent ses composés organiques volatils (COV) nocifs en éléments nutritifs qui serviront à les nourrir.

En été, la plupart des plantes tropicales et subtropicales apprécient une sortie à l'extérieur. Elles profiteront d'une lumière plus généreuse, d'une brise légère qui chassera poussière et insectes et d'une humidité élevée qui les comblera. Mais gare au coup de soleil et aux variations climatiques qui peuvent causer des dommages parfois irréversibles. Il faut prendre le temps de les laisser s'acclimater à leur nouvel environnement en les plaçant dans un coin mi-ombragé et de les protéger des vents desséchants au début. Par la suite, il faut les amener graduellement (cinq à sept jours) vers leur emplacement final.

Au retour des temps plus froids, après un examen approfondi et un nettoyage en règle, nos belles d'intérieur reprendront leur place dans chacune des pièces de la maison pour notre plus grand bonheur.

Faire le bon choix

Les plantes d'intérieur nous charment par leurs formes, leurs couleurs et leurs textures et on les achète souvent parce qu'on a un coup de cœur. Toutefois, avant de l'acheter, prenez le temps d'examiner soigneusement l'ensemble de la plante choisie. Soupesez le pot pour en vérifier l'arrosage et regardez sous les feuilles et sur les tiges pour détecter la présence d'insectes indésirables.

Ces gestes simples vous éviteront bien des désagréments. Informez-vous sur ses besoins en lumière, en eau, etc., afin de savoir si vous serez en mesure de lui donner tout ce qui sera nécessaire à son bien-être. Veillez à ce qu'elle soit bien emballée pendant le transport et retirez rapidement l'emballage dès votre arrivée. Supprimez les fleurs épanouies qui peuvent cacher quelques « bibittes ». N'effectuez pas de rempotage trop rapidement (un mois) afin de lui permettre de bien s'acclimater et de réduire le stress causé par le déménagement.

À chacune son pot

Les pots qui accueillent les plantes d'appartement doivent se faire discrets tout en étant décoratifs. Ils ne doivent pas voler la vedette, car c'est la plante qui doit attirer les regards. Ils doivent s'intégrer au décor par leurs formes, leurs couleurs et leurs motifs. Il faut en tout temps préserver un équilibre entre la dimension de la plante et la grosseur du pot. Osez l'originalité, laissez aller votre imagination, personnalisez vos créations et remplissez de verdure et de fleurs votre intérieur.

Conseil de jardinière

Regroupez plusieurs plantes dans le même pot pour créer des agencements d'intérieur colorés et vivifiants.

Le bon terreau

Les mélanges commerciaux spécialement conçus pour la culture des plantes tropicales et subtropicales, contenant une bonne part de compost, un peu de terre, de sable et de perlite, offrent un bon support et une bonne aération. Ils retiennent adéquatement l'eau et les éléments nutritifs utiles au bon développement des plantes.

L'intensité lumineuse

Les besoins en lumière des plantes d'appartement varient selon chaque espèce. En règle générale (il y a toujours des exceptions), les plantes à fleurs sont beaucoup plus exigeantes en lumière que les plantes vertes, bien que quelques-unes puissent être très gourmandes. Sous une faible intensité, les tropicales florifères seront moins productives et plus chétives, tandis que les belles à feuillage décoratif tireront un peu mieux leur épingle du jeu. Celles qui arborent des feuilles bicolores, panachées ou colorées requièrent une bonne luminosité, mais craignent les expositions directes (comme la plupart des plantes d'intérieur) qui les brûlent et les dessèchent. L'intensité lumineuse varie également selon les saisons. En été, les rayons du soleil sont beaucoup plus intenses et chauds qu'en hiver, c'est pourquoi une plante qui réclame une forte intensité lumineuse en hiver n'a pas nécessairement besoin de soleil direct en été. Il est important de s'adapter et de déplacer les plantes au besoin tout au long de l'année.

Il arrive parfois que la lumière soit insuffisante dans nos intérieurs pour combler les besoins de certaines plantes. L'éclairage artificiel s'avère la solution parfaite pour corriger cette carence.

> Les plantes vertes ont besoin de 10 à 12 heures de lumière par jour et les plantes à fleurs entre 12 à 14 heures (sauf quelques exceptions).

De l'eau S.V.P.

Bien que la plupart des plantes d'appartement aiment un terreau plus humide que sec, certaines préfèrent sécher un peu plus entre chaque arrosage. C'est pourquoi une bonne connaissance des besoins en eau de vos plantes est essentielle.

Au fil des saisons, les apports en eau varieront et vous devrez vous ajuster aux exigences de chacune. Les apports d'eau en profondeur, jusqu'à ce que l'eau se déverse par les trous de drainage, sont préférables aux arrosages superficiels. L'eau stagnante dans la soucoupe doit être vidangée après 30 minutes afin de prévenir la prolifération de maladies. Le feuillage et les fleurs des plantes d'intérieur doivent rester bien au sec en tout temps. C'est pourquoi il est recommandé de les arroser par le dessus. Seules les plantes à bulbes exigent des arrosages par la soucoupe, ce qui prévient la pourriture des tiges florales.

Un autre point important doit être respecté au moment de l'arrosage: la température de l'eau. Une eau trop froide ralentit la croissance des plantes et abîme leur feuillage qui se tache, jaunit et dépérit et une eau trop chaude cause le flétrissement de la plante. Offrez-leur une eau tempérée (tiède ou à la température de la pièce) en tout temps. Afin de conserver des plantes bien droites et solides, tournez légèrement vos plantes d'intérieur à chaque arrosage (sauf lorsqu'elles sont en fleurs).

La fertilisation tout naturellement

La fertilisation de plantes d'intérieur s'effectue de mars à septembre, lorsqu'elles sont en éveil et en croissance active. Utilisez les engrais naturels pour plantes d'intérieur en alternance lors des applications en procédant de la façon suivante: utilisez un engrais organique riche en azote en début de saison, par la suite, à la mi-juin, utilisez un engrais riche en phosphore et en potassium pour améliorer la floraison et donner de la vigueur à vos plantes. En août, un apport d'engrais riche en potassium servira à les préparer au repos hivernal. Cessez toute fertilisation à partir de la fin août afin de permettre à vos plantes de se reposer et de ralentir le rythme.

Le saviez-vous ?

Contrairement à la croyance populaire, les engrais riches en phosphore ne font pas fleurir une plante. Ils ne font qu'améliorer la qualité de la floraison et non la démarrer. Ce sont les variations de température et la durée et la qualité de l'intensité lumineuse (jours longs ou courts selon la plante) qui déclenchent la floraison des plantes à fleurs.

Un peu de soins, ça fait du bien

Bien que la plupart de ces plantes soient très peu exigeantes, quelques attentions particulières portées à l'occasion augmenteront vos chances de réussite.

- Abaisser la température lorsque la plante est en fleurs prolongera sa floraison.
- Offrir un repos hivernal bien mérité à la plupart de vos plantes.
- Effectuer un rempotage au besoin, en mars, dans un pot légèrement plus large et profond (2,5 cm de plus).
- Effectuer la taille des jeunes tiges au printemps ou lors de la rentrée.
- Utiliser la bonne technique de multiplication selon l'espèce.
- Faire un ménage régulier des feuilles et des fleurs abîmées, flétries ou fanées.

AGLAONÉMA

***Aglaonema* sp.**

30-80 cm | 30-50 cm | indirecte

Il existe plusieurs versions de cette belle plante tropicale. Son feuillage parfois ovale, parfois étroit, arbore des panachures vertes ou crème selon l'espèce. À l'occasion, elle produit de petites fleurs discrètes lovées au cœur du plant.

Culture et entretien

L'aglaonéma préfère un éclairage tamisé au soleil direct. Les terreaux pour plantes tropicales bien drainant et riches répondent bien aux exigences liées à sa culture. En hiver, des températures comprises entre 18 et 24 °C sont nécessaires pour assurer son confort et son bon développement.

Une attention particulière devra être portée à la température de l'eau d'arrosage, car cette tropicale préfère une eau tempérée à l'eau trop froide. Le terreau doit sécher en surface entre les arrosages afin d'éviter la pourriture et les taches foliaires.

À partir d'octobre, et ce, jusqu'en mars, aucune fertilisation n'est nécessaire puisqu'elle est en période de vie ralentie et que sa croissance est réduite au minimum. Une douche mensuelle et la suppression régulière de ses feuilles et fleurs fanées lui redonneront lustre et vigueur.

Tôt au printemps, lorsque des racines apparaissent en surface du pot (trois à quatre ans), il est temps de rempoter votre aglaonéma. La division de talles est la méthode la plus facile et efficace pour multiplier l'*Aglaonema* sp., bien qu'elle puisse également se propager par boutures de tiges terminales (difficile). La division se pratique au printemps lors du rempotage.

Au balcon

Une terrasse ou un balcon orienté à l'est ou au nord convient parfaitement à cette plante d'intérieur qui craint le soleil. Lorsque les températures nocturnes auront dépassé les 17 °C, l'aglaonéma pourra séjourner à l'ombre à l'extérieur pendant tout l'été. La fertilisation pourra reprendre dès avril et se poursuivre jusqu'à la fin de septembre. Un apport d'engrais naturel spécialement conçu pour les plantes tropicales d'intérieur, appliqué deux fois par mois (moitié de la dose recommandée), et des arrosages réguliers à l'eau tempérée combleront tous les besoins en nutriments et en eau de votre *Aglaonema* sp.

BÉGONIA À FEUILLAGE

Begonia rex-cultorum

25-65 cm	25-65 cm	indirect

Surtout cultivé pour son feuillage superbement coloré aux motifs variés, le *Begonia rex* fait partie du top 10 des plantes d'intérieur. La palette de couleur de ses feuilles va du vert au rouge en passant par le pourpre et le brun foncé.

Culture et entretien

On cultive le bégonia à feuillage dans un terreau frais, riche et bien drainant. Des températures intérieures hivernales supérieures à 16 °C et des arrosages soutenus, sans toutefois détremper la motte et mouiller le feuillage, réduiront les risques de pourriture aux racines et aux tiges. L'eau stagnante dans la soucoupe ou des épisodes de sécheresse sont à proscrire.

Chaque semaine, il faut tourner délicatement le pot afin de préserver le port du bégonia à feuilles. Puisque ses feuilles brûlent et s'endommagent facilement au contact des chauds rayons du soleil, un éclairage tamisé et indirect est recommandé.

Aucune fertilisation n'est nécessaire pendant les longs mois d'hiver, il faut laisser le bégonia se reposer. En avril ou mai, lorsque ses racines auront colonisé entièrement le pot, un rempotage dans un contenant légèrement plus grand lui permettra de poursuivre sa croissance.

La suppression fréquente de ses frêles tiges florales fera grossir ses feuilles. Le bouturage de tiges, de feuilles, de rhizomes ou de racines est fréquemment utilisé pour multiplier le *Begonia rex*.

Au balcon

Un emplacement abrité des vents et ombragé convient parfaitement au bégonia à feuillage (comme la plupart des bégonias). Frileux, il est préférable d'attendre que les nuits soient chaudes (18 °C et plus) pour le sortir au balcon. Il aime l'humidité, mais pas recevoir de l'eau sur son feuillage.

Au banc d'essai

BÉGONIA 'GRYPHON'

***Begonia* x *hybrida* 'Gryphon'**

40-60 cm 40-60 cm indirecte

Ce bégonia aux feuilles découpées comme celles d'un érable et aux reflets métalliques a une croissance rapide tant à l'intérieur qu'au balcon. Un contenant de plus de 40 cm de diamètre et de profondeur est recommandé afin de lui assurer un bon développement.

BOUGAINVILLÉE

***Bougainvillea* sp.**

30-50 cm	50-100 cm	06-09	soleil

Sous notre climat, cette belle tropicale sarmenteuse produit tout au long de la saison estivale de minuscules fleurs blanches tubulaires entourées de délicates bractées (feuilles modifiées) teintées de rouge, de rose, de pêche, de blanc ou de pourpre.

Culture et entretien

La bougainvillée fleurit rarement à l'intérieur en hiver. Elle préfère se reposer afin de reprendre des forces. Un emplacement fortement ensoleillé, au sud de préférence, lui offrira l'intensité lumineuse dont elle a besoin pour poursuivre lentement sa croissance.

Toutefois, il n'est pas rare (même fréquent) de voir la *Bougainvillea* sp. se dépouiller d'une partie de son feuillage en hiver. C'est une réaction normale au changement de température et de luminosité. Des températures fraîches aideront à conserver une humidité élevée, ce qui contribuera à prévenir la chute de ses feuilles.

Une attention particulière sera portée à l'arrosage car puisqu'elle sera au repos, il faudra espacer les arrosages et laisser sécher le tiers du pot avant de l'arroser à nouveau. Il faut éviter de stimuler son développement en hiver, c'est pourquoi l'arrêt complet de la fertilisation est prescrit pendant cette période.

À partir de mars, au moment de son éveil printanier, une taille sévère, soit le tiers de ses tiges, favorisera la production de nouvelles pousses solides qui porteront éventuellement de nombreuses fleurs. Bien qu'elle aime être bien serrée dans son pot pour stimuler sa floraison, un rempotage tous les trois ans lui est bénéfique. Les boutures de tiges se pratiquent au printemps lors de la taille.

Au balcon

Dès l'arrivée des temps doux (fin mai), la bougainvillée appréciera la chaleur et la forte intensité des rayons du soleil. Placez-la d'abord à la mi-ombre, elle pourra par la suite profiter pleinement du soleil ardent pour le reste de la belle saison. Il faut toutefois la protéger des vents dominants qui inhiberont sa floraison.

Des ajouts d'engrais naturels riches en phosphore et en potassium aux trois semaines suffisent à la garder en santé. À la fin de l'été, lorsque les températures nocturnes avoisinent les 12 °C, elle devra retourner sagement à l'intérieur pour se reposer.

CACTUS DE NOËL

Schlumbergera* x *bridgesii

20-35 cm 30-60 cm 02-11 indirecte

Sans nul doute le cactus d'intérieur le plus populaire, le *Schlumbergera* x *bridgesii* fait partie de nos vies depuis très longtemps. Sa floraison hivernale parfois rouge, rose, fuchsia, blanche et même orangée est unique et flamboyante.

Culture et entretien

Comme toutes les plantes succulentes, le cactus de Noël craint les excès d'arrosage. En période de repos, en été, le terreau doit sécher presque entièrement entre les apports d'eau. Cependant, en période de floraison, la motte doit sécher de moitié seulement. Le *Schlumbergera* x *bridgesii* amorce sa floraison lorsque les nuits se font plus longues (jours raccourcissent). Pendant cette période préparatoire, une fertilisation riche en phosphore appliquée toutes les deux semaines renforcera ses tiges et le pétiole de ses boutons floraux. Lorsqu'il est en boutons et en fleurs, il faut à tout prix limiter les déplacements qui feront avorter les boutons et chuter les fleurs prématurément.

Placé près d'une fenêtre à l'ouest ou à l'est, le cactus de Noël survivra pendant de nombreuses années. Après sa floraison, pour ramifier le plant et stimuler une future floraison, la coupe du segment de feuilles situé sous la fleur est recommandée. Le rempotage s'effectue lorsque la plante peine à fleurir et que ses racines ont complètement envahi le pot. Un mélange de terreau pour plantes grasses et d'un terreau pour plantes d'intérieur lui convient parfaitement. Les boutures longues de deux à trois segments s'enracinent rapidement et produisent de beaux spécimens, forts et robustes.

Au balcon

En juin, le *Schlumbergera* x *bridgesii* pourra prendre place au balcon dans un coin ombragé à semi-ombragé. Il faudra le laisser sécher entre les arrosages et tailler légèrement ses vieilles tiges au besoin. Aucune fertilisation n'est nécessaire pendant la saison estivale. Lorsque les températures nocturnes atteindront la barre des 5 °C, il sera temps de lui trouver une place à l'intérieur afin qu'il puisse enjoliver votre hiver.

Le saviez-vous ?

Pourquoi votre cactus de Noël fleurit-il en septembre et en octobre plutôt qu'en novembre et en décembre ?

Il s'agit probablement du *Schlumbergera truncata*, qui ressemble à s'y méprendre au *S.* x *bridgesii*, mais qui produit ses fleurs en automne plutôt qu'en hiver.

CLIVIA

Clivia miniata

35-45 cm	30-50 cm	02-04	indirecte

Le clivia est parmi l'une des plus belles plantes d'intérieur à fleurs. À maturité, il produit de magnifiques bouquets de trompettes orange au cœur jaune qui surplombent un feuillage rubané et arqué vert très foncé.

Culture et entretien

De croissance lente, le *Clivia miniata* exige du jardinier patience et amour. Un terreau léger et bien drainé, un emplacement à l'ouest ou à l'est et des températures fraîches (10 à 12 °C) pendant la période hivernale sont les conditions de culture idéales pour cette belle tropicale.

De mars à août, toutes les deux semaines, un ajout d'engrais pour plantes d'intérieur à fleurs et des arrosages réguliers lui seront bénéfiques. Par la suite, de septembre à janvier, le clivia doit se reposer. Durant cette période, le terreau doit sécher entre les arrosages et la fertilisation doit cesser. C'est vers la fin de février qu'il amorce sa floraison. Il produit alors de nombreuses hampes florales qui se déploient sur une longue période (deux mois).

Les arrosages devront se faire plus fréquents pendant ce cycle productif. Il est essentiel de lui offrir un repos végétatif afin qu'il puisse refleurir année après année. Comme il préfère être à l'étroit dans son pot, le rempotage ne se fait que très rarement. Lorsqu'ils sont bien formés et bien visibles, les rejetons peuvent être séparés et transplantés dans de petits pots. Vous devrez attendre parfois quatre ans avant que votre nouveau plant produise une tige florale.

Au balcon

Sitôt les risques de gel écartés et la chaleur bien établie, le clivia pourra être placé à l'extérieur dans un endroit mi-ombragé à ombragé. En pleine croissance, il aura besoin d'eau fréquemment sans toutefois laisser ses racines baigner dans l'eau. Du gravier ou des billes d'argile pourront être placés dans sa soucoupe afin de prévenir les excès d'eau et l'eau stagnante à ses pieds.

DENTELAIRE DU CAP

Plumbago auriculata

100-300 cm	60-100 cm	06-11	soleil

Ce bel arbuste non rustique a une floraison estivale magnifique de juin jusqu'aux gels. Ses délicates petites fleurs regroupées en bouquets bleu ciel semblables à celles du phlox (*Phlox paniculata*) apparaissent aux extrémités de ses longues tiges.

Culture et entretien

Cette vigoureuse grimpante tropicale croît très rapidement et ses longues tiges arquées et sarmenteuses parsemées de petites feuilles vert tendre ne s'enroulent pas elles-mêmes au support. Elles doivent y être solidement attachées pendant l'ascension de la plante.

En hiver, au frais et au sec, la dentelaire du Cap pourra se reposer. Bien que vous puissiez la conserver en végétation tout l'hiver, il est préférable de la placer dans un endroit frais et peu éclairé et de l'en ressortir en mars, lorsque les jours auront rallongé.

Une taille sévère immédiatement après sa floraison stimule l'apparition de nouvelles tiges à sa base. Ses dernières porteront d'éventuelles fleurs dès leur jeune âge. Si vous décidez de le préserver sous forme d'arbuste, il ne sera pas nécessaire de le palisser et son entreposage en hiver se fera plus aisément.

Il est facile de prélever des boutures de tiges terminales pour multiplier le *plumbago*. Les plants produits par boutures s'enracineront rapidement et pourront fleurir dès la première année.

Au balcon

Le *Plumbago auriculata* exige beaucoup de soleil et de chaleur ainsi que des arrosages fréquents et abondants, un sol riche et bien drainé et un apport mensuel d'engrais à forte concentration en potassium pour une belle croissance et une coloration soutenue. Son port arbustif et ses longues tiges vous permettent de le cultiver de deux façons, soit comme arbuste, soit comme plante grimpante.

Les plants grimpants devront être taillés sévèrement avant de les placer à l'intérieur. N'attendez pas les températures trop froides avant d'entrer votre dentelaire du Cap. Elle a horreur du froid et supporte mal les brusques écarts de température.

FIGUIER LYRE

Ficus lyrata

200-300 cm	40-60 cm	indirecte

Comme il est le plus facile à cultiver de son espèce, le *Ficus lyrata* gagne en popularité et c'est tant mieux. Ses immenses feuilles luisantes en forme de violon (d'où son appellation) lui confèrent une allure à la fois dramatique et majestueuse.

Culture et entretien

Cet arbre d'appartement ne requiert que très peu d'entretien. Pendant l'hiver, il se plaît dans une pièce fortement éclairée, orientée à l'ouest, qui le protégera du soleil direct. Il aime la chaleur et une atmosphère humide. Des températures intérieures avoisinant les 20 °C lui permettent de mieux résister aux changements de saisons.

Puisqu'il est très sensible aux variations brusques de température, il faut éviter de le placer près des sources de chaleur, des portes-fenêtres et des ventilateurs. Les déplacements trop fréquents provoqueront la chute prématurée de ses feuilles. Comme il est peu exigeant en eau, un arrosage profond, lorsque le terreau se sera asséché de moitié, lui convient parfaitement. Des vaporisations foliaires à l'eau tempérée une à deux fois par mois augmenteront l'humidité et redonneront de la vigueur et du lustre à son feuillage imposant. La fréquence de rempotage varie selon sa croissance.

Puisqu'il préfère être à l'étroit dans son pot, il est recommandé d'attendre que ses racines aient entièrement colonisé le contenant avant de procéder à son rempotage. Des contenants trop grands pourront ralentir son développement et causer la pourriture de ses racines.

Au moins une fois par année, l'extrémité de ses tiges doit être taillée légèrement afin de préserver un port plus compact et lui permettre de se ramifier.

Au balcon

En été, à l'extérieur, une exposition mi-ombragée est souhaitable afin d'éviter les brûlures foliaires qui causeront des dommages irréversibles. Frileux, le figuier lyre pourra prendre place au balcon au début de juin, lorsque les températures seront plus clémentes.

Il craint par-dessus tout les lieux venteux et desséchants. Contrairement à la plupart des plantes qui orneront la terrasse ou le balcon, il préfère sécher de moitié entre chaque arrosage. Un apport d'engrais pour plantes vertes toutes les deux semaines pendant la belle saison le comblera.

HIBISCUS, ROSE DE CHINE

Hibiscus rosa-sinensis

100-200 cm 35-60 cm 02-11 soleil

Ce magnifique arbuste tropical aux fleurs éphémères est un incontournable dans la maison ou sur la terrasse. Sa floraison généreuse en forme de coupes simples ou doubles se décline en plusieurs coloris allant du rouge au rose en passant par le blanc, l'orangé et le jaune.

Culture et entretien

Bien connu des jardiniers amateurs, l'*Hibiscus rosa-sinensis* est très facile à cultiver. Placé près d'une fenêtre orientée au sud ou à l'ouest, il produira de nombreuses fleurs tout au long de l'année. Bien entendu, un petit repos hivernal ne sera pas sans lui déplaire, mais il peut très bien s'accommoder d'une croissance en continu.

Il est recommandé de limiter ses déplacements afin de prévenir la chute de ses fleurs et de ses boutons floraux. Gourmand de nature, il exige des arrosages soutenus et des apports d'engrais riche en potassium à raison d'une fois par mois (même au repos).

Une taille d'entretien pratiquée une fois par année au printemps (½ de ses tiges) lui redonnera de la vigueur et stimulera sa production florale. Puisqu'il aime se sentir serré dans son pot, nul besoin de le rempoter fréquemment. On peut facilement reproduire l'hibiscus par boutures de tiges semi-ligneuses au printemps.

Au balcon

L'*Hibiscus rosa-sinensis* doit impérativement être à l'extérieur en été. Grand amoureux de la chaleur, c'est en plein soleil qu'il sera le plus productif. Portez une attention particulière à son arrosage, car s'il manque d'eau, ses boutons de fleurs tomberont avant de se déployer. Extrêmement frileux, il faut le ramener à l'intérieur lorsque les nuits rafraîchissent (12 °C).

Le saviez-vous ?

Pourquoi mon Hibiscus grandit-il soudainement ?

La croissance des hibiscus développés pour la vente est contrôlée à l'aide de régulateurs de croissance qui ralentissent l'élongation des tiges et permettent de produire des plants plus denses et trapus. Ces produits sont efficaces pendant environ 9 à 12 mois. Par la suite, le développement normal de l'hibiscus reprend et c'est pourquoi votre plante devient soudain plus grande et moins fournie.

LAURIER-ROSE

Nerium oleander

150-200 cm	45-60 cm	06-10	soleil

Cette beauté tropicale nous charme et nous enivre depuis des années. Tout au long de l'été, elle se couvre de jolis bouquets parfumés rose tendre, blancs ou jaunes, selon le cultivar. Son feuillage étroit et lustré accentue la beauté de sa floraison et lui confère une touche d'exotisme.

Culture et entretien

En hiver, le laurier-rose peut être gardé en végétation ou mis au repos complet. Pour profiter de sa beauté à l'intérieur, il faut le placer dans une pièce dont la fenestration est orientée à l'ouest ou au sud. Pendant cette période, les arrosages se feront lorsque la motte sera desséchée aux ⅔. Une fois par semaine, une vaporisation à l'eau tempérée de son feuillage lui procurera suffisamment d'humidité pour réduire la chute de ses feuilles.

Si vous désirez le mettre en repos complet, entreposez votre laurier au froid (5 à 8 °C) dans un local peu éclairé et cessez tout arrosage. Avec le changement brusque de température, il est normal de constater une chute de feuilles, mais rarement une défoliation complète. Veillez à ce que votre laurier-rose ne s'assèche pas complètement durant son repos et remettez-le à la lumière et au chaud vers le mois de mars.

Que vous optiez pour l'une ou l'autre des méthodes de conservation hivernale, vous devez cesser toute fertilisation. Cet arbuste à fleurs tolère très bien la taille. Après la floraison, réduisez de moitié les rameaux qui ont porté les fleurs. Il préfère être serré dans son pot, alors limitez les rempotages. Les boutures de tiges terminales prélevées en été s'enracineront rapidement et fleuriront deux ans après leur enracinement.

Au balcon

Le *Nerium oleander* adore se faire dorer au soleil. Il requiert beaucoup de chaleur et d'eau en été. Ne le laissez jamais manquer d'eau, car cela pourrait compromettre sa magnifique floraison. Sa fertilisation devra recommencer en juin, à raison d'une dose par mois jusqu'en septembre. Les engrais riches en potassium sont à privilégier.

LIS DE LA PAIX

Spathiphyllum wallisii

30-60 cm	30-60 cm	01-12	indirecte

Cette étonnante plante d'intérieur peut fleurir abondamment tout au long de l'année dans de bonnes conditions. Son inflorescence est composée d'une spathe (une bractée qui ressemble à une feuille blanche) et d'un épi central appelé spadice qui porte de petites fleurs odorantes.

Culture et entretien

Le *Spathiphyllum* exige des arrosages très réguliers et profonds, dès que le terreau commence à se dessécher. Au moindre manque d'eau, son feuillage s'abaisse et il démontre des signes de détresse.

Une fenêtre exposée à l'ouest ou à l'est lui permettra de fleurir longtemps et de garder sa prestance et sa beauté. Grand amoureux de la chaleur et de l'humidité, il peut facilement supporter des températures supérieures à 30 °C, mais jamais inférieures à 13 °C.

En période de floraison, un apport d'engrais pour plantes à fleurs d'intérieur l'aidera à conserver ses hampes florales pendant plus d'un mois. Lorsqu'il devient trop à l'étroit dans son pot, il faut le rempoter dans un contenant légèrement plus grand ou le diviser.

Un terreau léger pour plantes tropicales enrichi d'un peu de compost (une part de compost pour trois parts de terreau) assurera une bonne rétention d'eau et un bon développement racinaire. Au moment de la division de ses rejets, puisque ses rejetons sont petits et très nombreux, transplantez au moins trois rejetons par pot afin d'obtenir des potées volumineuses et florifères. Chaque rejet doit posséder un rhizome viable et au moins quatre feuilles au moment de la transplantation.

Au balcon

À l'extérieur, lorsque les températures seront supérieures à 20 °C, le lis de la paix pourra prendre place sur le balcon ou la terrasse. Bien qu'il aime les lieux lumineux à l'intérieur, il devra être placé dans un endroit ombragé pendant toute la période estivale. Des arrosages réguliers seront nécessaires et une fertilisation lui sera fournie au besoin (pendant la floraison). Son retour à l'intérieur se fera lorsque les températures nocturnes avoisineront les 15 °C.

PALMIER D'AREC

Chrysalidocarpus lutescens

100-150 cm	50-60 cm	indirecte

Depuis quelques années, ce palmier au port élégant et gracieux occupe une place de choix dans les décors intérieurs et extérieurs. Peu importe son emplacement, son feuillage fin et découpé ajoute une note de fraîcheur et d'exotisme très agréable.

Culture et entretien

Le palmier d'Arec supporte difficilement les rayons directs du soleil. Une fenêtre orientée à l'ouest lui procurera toute la luminosité nécessaire sans dessécher ses frondes délicates. Il réclame des arrosages profonds et réguliers et une humidité relative élevée.

Pour répondre à ce besoin, il est recommandé de le doucher une fois par mois, de déposer quelques billes d'argile ou un fin gravier dans sa soucoupe, et de la recouvrir d'eau (en tout temps). L'évaporation de l'eau augmentera l'humidité ambiante autour de votre palmier et le protégera de la sécheresse sans laisser ses racines baigner dans l'eau. Les feuilles endommagées ou desséchées doivent être retirées en entier (à la base) afin de préserver son port élancé et souple.

En période hivernale, le palmier ne requiert aucun apport d'engrais. Le rempotage s'effectue immédiatement après l'achat, dans un contenant légèrement plus grand que le pot de culture et par la suite, tous les trois ans, lorsque les racines auront complétement envahi le pot. Des contenants de grande dimension (plus de 35 cm de diamètre) sont préférables aux pots de culture trop petits et peu profonds.

Au balcon

Au début de juin, quand les températures chaudes se sont installées, le palmier d'Arec peut faire sa sortie. Optez pour un endroit légèrement ombragé, abrité des vents et veillez à garder le terreau humide en tout temps en prenant soin de vider régulièrement la soucoupe.

La fertilisation peut recommencer dès le mois de mars avec un engrais naturel pour plantes vertes à raison de deux applications par mois. À l'occasion, ajoutez un peu de compost en surface pour une meilleure rétention d'eau et une répartition plus efficace des nutriments. Le *Chrysalidocarpus lutescens* cohabite très bien avec la plupart des plantes comestibles ou ornementales de moindre dimension.

PLANTE ZZ

Zamioculcas zamiifolia

 35-60 cm

 20-35 cm

 directe

 indirecte

Encore peu connue des amateurs de plantes d'intérieur, la plante zz (ou faux zamier) fait partie de la grande famille des philodendrons. Avec ses feuilles pennées qui s'arquent légèrement vers l'extérieur et son port unique, elle suscite l'intérêt et fait des envieux.

Culture et entretien

Facile à cultiver et très peu exigeante, la plante zz se plaît à peu près n'importe où dans la maison. Elle s'adapte rapidement aux diverses intensités lumineuses et aux changements d'environnement. Cependant, elle prospère mieux lorsqu'elle est placée près d'une fenêtre exposée au sud ou à l'ouest.

Ses besoins en eau sont similaires à ceux des plantes succulentes puisque ses gros rhizomes souterrains, ses tiges charnues et ses feuilles composées ont la capacité d'emmagasiner l'eau. Il faut donc l'arroser profondément chaque fois et laisser sécher une bonne partie du pot entre chaque apport d'eau. Attention, des arrosages excessifs feront pourrir ses racines.

Le faux zamier est comblé lorsque les températures frôlent les 25 °C. Très peu gourmand, il saura se contenter d'un peu d'eau et de chaleur pendant la période hivernale. Tôt au printemps, lorsque son pot sera devenu trop petit (ou lui trop gros), il faudra le rempoter dans un terreau très léger et drainant. Au même moment, il sera possible de le multiplier en divisant ses rhizomes devenus matures. Les boutures de folioles (feuilles composées) sont également possibles et faciles à réaliser.

Au balcon

La sortie de la plante zz devra se faire en douceur à partir du début de juin. Elle ne peut supporter l'ardeur des rayons du soleil à l'extérieur. Un endroit abrité des vents, de la pluie et du soleil lui sera favorable.

Il est essentiel de vider régulièrement l'eau qui s'accumule dans sa soucoupe, car ses racines n'aiment pas baigner dans l'eau. À partir d'avril, et ce, jusqu'en septembre, une fois toutes les deux semaines, un apport d'engrais naturel à faible concentration lui sera bénéfique.

TRÈFLE D'APPARTEMENT

Oxalis triangularis

20-25 cm	20-30 cm	01-12	indirecte

Cette petite bulbeuse qui se referme lorsque tombe la nuit vous séduira à coup sûr. Ses feuilles pourpres ou vertes composées de trois folioles triangulaires sont portées sur de longs pétioles qui se courbent avec le temps. Quant à ses fleurs, elles pointent en grappes roses au-dessus de ses feuilles et se renouvellent sans arrêt.

Culture et entretien

À première vue, l'*Oxalis triangularis* semble fragile et difficile à entretenir mais, au contraire, elle peut vivre plusieurs années si nous lui offrons les soins appropriés. Déposée près d'une fenêtre orientée à l'ouest, elle pourra s'épanouir pleinement et les rayons du soleil ne pourront pas dessécher son feuillage.

C'est une assoiffée, mais elle déteste avoir les pieds dans l'eau. Afin de prévenir la pourriture de ses racines rhizomateuses et de ses fines tiges florales, déposez de l'eau tempérée dans sa soucoupe régulièrement. L'eau montera alors par capillarité et ses jeunes pousses qui se développent à la surface du pot seront protégées.

Des apports d'engrais riche en potassium une fois par mois stimulent sa floraison et renforcent ses pétioles. En hiver, l'*Oxalis triangularis* peut parfois avoir besoin d'un temps de repos. Un arrêt de l'arrosage de novembre à la fin de janvier, la taille complète de son feuillage et un entreposage à l'obscurité à des températures comprises entre 6 et 12 °C, voilà ce qu'il lui faut pour reprendre des forces.

Son rempotage et sa multiplication seront pratiqués au moment de sa remise en végétation, soit en février. La division de bulbes est la méthode la plus efficace et facile pour produire de nouveaux plants.

Au balcon

Le trèfle d'appartement aime se prélasser à l'extérieur en été. Bien qu'il préfère les endroits mi-ombragés à ombragés, il peut facilement s'acclimater aux expositions ensoleillées. Il suffit de couper entièrement ses feuilles au moment de sa sortie. Ses nouvelles feuilles s'adapteront plus facilement au changement de luminosité et ne brûleront pas comme les anciennes. Son retour à l'intérieur se fera très tôt en automne.

VIOLETTE AFRICAINE

Saintpaulia ionantha

5-20 cm	5-25 cm	01-12	indirecte

La floraison de la violette africaine se décline en plusieurs couleurs allant du rose au blanc en passant par le violet et le corail. Ses pétales velus réunis en rosettes denses sont parfois ondulés ou dentelés, panachés ou marbrés et leur dimension varie selon le cultivar sélectionné.

Culture et entretien

Le *Saintpaulia* requiert une bonne luminosité tout en étant protégé des rayons du soleil. En hiver, il devra recevoir entre 8 et 11 heures d'ensoleillement par jour afin de lui assurer une floraison presque en continu. Une fenêtre orientée à l'est ou à l'ouest saura le combler. Si de telles conditions de luminosité ne peuvent être respectées, un éclairage artificiel sera un excellent complément. Des températures comprises entre 18 et 25 °C rehausseront son apparence en augmentant la dimension de ses feuilles et de ses fleurs et en intensifiant leur coloration.

L'arrosage est le facteur le plus important pour assurer la survie de la violette africaine. Il faut attendre que le terreau sèche en surface. L'excédent d'eau qui se retrouve dans la soucoupe doit être vidangé 30 minutes après l'arrosage.

Les terreaux spécialement préparés pour leur culture respectent en tout point leurs besoins et retiennent bien les éléments nutritifs. Gourmande en phosphore, un apport d'engrais bimensuel maintiendra la vigueur de la violette africaine. Le rempotage s'effectue au printemps lorsque le plant aura atteint sa maturité (trois à quatre ans). Le *Saintpaulia ionantha* peut se multiplier par boutures de tiges, de feuilles ou encore par division de touffes.

Au balcon

La sortie à l'extérieur de la violette africaine doit se faire en douceur et à l'ombre. Son feuillage duveteux ne doit jamais recevoir d'eau. C'est pourquoi les emplacements abrités de la pluie sont à privilégier. Très frileuse, elle doit être rentrée lorsque les nuits rafraîchissent (18 °C).

Le saviez-vous ?

Arrose-t-on par la soucoupe ou par le dessus ?

Personnellement, je préfère arroser par le dessus en prenant soin de ne pas mouiller le feuillage. Les arrosages par la soucoupe occasionnent l'accumulation de sels minéraux à la surface du terreau, ce qui a pour effet d'endommager son collet, causant ainsi son dépérissement.

CACTUS ET SUCCULENTES

On achète ces plantes aux ports et formes étranges au début par curiosité et ensuite par amour. Leurs drôles de tiges épaisses parfois recouvertes d'épines menaçantes et leurs feuilles dodues leur servent de réservoir d'eau et les protègent des visiteurs non désirés. Toutes, sans exception, supportent bien les périodes de sécheresse prolongées et une intensité lumineuse élevée. En bref, ce sont des plantes parfaites pour les gens occupés.

Faire le bon choix

Mieux vaut commencer lentement mais sûrement votre collection de plantes grasses. Optez pour des plants bien développés, jeunes et turgescents (bien dodus) dont l'identité est connue. Inspectez chaque partie de votre nouvelle acquisition et informez-vous sur ses besoins. Placez votre plante en quarantaine dès votre arrivée à la maison et étudiez son développement dans son nouvel environnement.

À chacune son pot

Les racines des plantes grasses se développent surtout en surface et leur croissance est relativement lente. Des pots bas peu profonds leur conviennent parfaitement. Puisqu'elles préfèrent la sécheresse à l'humidité, les pots de terre cuite ou de céramique sont à favoriser puisqu'ils libèrent plus facilement les surplus d'humidité et préviennent la pourriture racinaire.

Le bon terreau

Drainant, poreux, pauvre et bien aéré, telles sont les qualités premières d'un bon terreau adapté pour la culture des plantes succulentes et des cactus. Le substrat ne doit pas être trop riche en matière organique et doit ne contenir que très peu de mousse de sphaigne, car ces deux ingrédients, souvent présents dans les mélanges pour plantes d'intérieur, ont une trop grande rétention d'eau. Les préparations pour plantes grasses et cactus vendues en jardinerie sont généralement adéquates et de bonne qualité.

Ensoleillement

Un emplacement bien ensoleillé et chaud en été et une luminosité intense et indirecte en hiver, tels sont leurs souhaits les plus chers. Dans nos intérieurs, en hiver, la lumière est parfois insuffisante pour assurer leur bon développement, mais heureusement, elles ont une bonne capacité d'adaptation. Une fenêtre exposée à l'ouest offre une intensité lumineuse parfaite et une chaleur confortable. Dehors en été, des endroits ensoleillés à mi-ombragés sont à privilégier. Attention de bien acclimater vos sujets lors de leur première sortie printanière.

De l'eau S.V.P.

Bien qu'on les décrive comme étant des plantes parfaitement adaptées à la sécheresse, les succulentes et les cactus ont besoin d'eau pour vivre. En période de croissance, soit de mars à août, leur fréquence d'arrosage augmentera considérablement. Il faut attendre que le sol soit asséché (et non la plante) avant de procéder à l'arrosage. Des arrosages copieux en profondeur sont préférables aux arrosages superficiels.

La fertilisation tout naturellement

Les apports d'engrais sont recommandés en période de vie active seulement (mars à juillet) à raison d'une application par mois. Optez pour des produits fertilisants à basse concentration comme les algues liquides ou les engrais naturels pour tomates.

Un peu de soins, ça fait du bien

Une taille occasionnelle et des rempotages printaniers tous les trois ans garderont vos plantes en santé. Quant à la multiplication par rejets ou par boutures, elle s'effectue lors de la saison de croissance des plantes succulentes.

ALOÈS

Aloe vera

30-50 cm	30-50 cm	légèrement tamisée, tamisée

L'aloès est une belle plante succulente facile à cultiver. Ses feuilles dodues et charnues aux rebords épineux sont réunies en rosettes compactes ou érigées, selon le cultivar. Bien que l'*Aloe vera* produise des fleurs tubulaires dans son pays d'origine, il est plutôt rare de la voir fleurir sous notre climat.

Culture et entretien

Cette plante grasse tolère particulièrement bien la chaleur. Elle réclame une bonne intensité lumineuse, mais craint les expositions au soleil direct qui auront vite fait de faire jaunir son feuillage. Une fenêtre exposée à l'est ou à l'ouest lui est favorable. En hiver, des températures intérieures comprises entre 18 et 21 °C lui permettront de prendre un repos bien mérité. Tout au long de cette période de vie ralentie, aucun apport d'engrais ne sera nécessaire et des arrosages modérés à faible (laissez sécher les ¾ de la motte) avec une eau tempérée seront de mise afin de minimiser les risques de pourriture causée par un excès d'eau. Rempotez les aloès de 3 ans dans un pot légèrement plus grand en utilisant un terreau drainant spécialement conçu pour les cactus et les succulentes ; idéalement au printemps, avant sa sortie à l'extérieur. La division de rejets est la technique de multiplication la plus efficace pour reproduire l'aloès.

Au balcon

À la fin de mai, lorsque les risques de gel seront écartés, vous pourrez sortir votre *Aloe vera*. Un emplacement protégé des vents et des chauds rayons du soleil fera en sorte qu'il profitera pleinement de son été au balcon. Toutefois, si les nuits sont fraîches (sous 8 °C) n'hésitez pas à le rentrer. Les arrosages se feront plus réguliers, car le terreau séchera plus rapidement. Pour assurer la survie de votre plante, ne laissez sécher que la moitié du pot entre les arrosages.

Au banc d'essai

ALOÈS 'GREEN ICE'

***Aloe gasteraloe* 'Green Ice'**

20-30 cm | 20-25 cm | légèrement tamisée

Petit aloès très compact au feuillage chartreux finement strié de vert plus clair. Sa croissance est très lente.

COURONNE D'ÉPINES

Euphorbia milii

40-70 cm | 20-40 cm | 03-10 | indirecte

Cette étrange succulente très piquante porte bien son nom. Ses tiges robustes et ramifiées se couvrent de longues épines (2 à 3 cm) qui effraient même le plus téméraire des jardiniers. Mais pour nous amadouer, cette belle euphorbe déploie en continu du printemps jusqu'à tard en hiver de délicates bractées rouges au cœur desquelles pointent de discrètes fleurs blanchâtres.

Culture et entretien

De manière générale, cette succulente apprécie une fenêtre qui offre une bonne intensité lumineuse sans toutefois l'exposer au soleil direct (ouest). Des températures ambiantes de plus de 18 °C et une forte luminosité stimuleront sa floraison qui pourra alors s'échelonner sur plusieurs mois, voire en tout temps.

L'arrosage joue également un rôle important dans la floraison de cette euphorbe. En laissant s'assécher le terreau en surface seulement sur une période prolongée, vous augmenterez la production et la durabilité de ses fleurs. Toutefois, sachez qu'elle supporte très bien les périodes de sécheresse.

Avec l'âge, la couronne d'épines aura tendance à s'étioler et ses tiges se fragiliseront. Un rempotage et une taille de rajeunissement (⅓ des nouvelles pousses) pratiqués au printemps seront alors les bienvenus. Les retailles de coupes pourront être utilisées pour faire des boutures. Rincez les plaies à l'eau froide pour faire cesser l'écoulement de la sève (liquide blanc) et laissez sécher les découpes deux à trois jours avant de les replanter debout ou couchées.

Puisque cette plante est très piquante et irritante, le port de gants et de lunettes protectrices est recommandé lors de sa manipulation. Bien entendu, il faut la placer hors de portée des enfants et des animaux domestiques.

Au balcon

En avril, il est temps de recommencer la fertilisation avec un engrais pour cactus et plantes succulentes appliqué une fois par mois. Comme la plupart des euphorbes, elle tolère les expositions au soleil, mais c'est sous une ombre légère que l'*Euphorbia milii* est la plus heureuse.

En tout temps pendant l'été, elle devra être protégée de la pluie. Son feuillage est sensible aux températures froides, il faut donc la rentrer avant que les températures nocturnes n'atteignent les 12 °C.

ÉCHEVERIA

***Echeveria* sp.**

10-20 cm | 10-15 cm | 06-08 | indirecte

Cette belle petite succulente arbore un feuillage allant du vert chartreux au bleu souvent recouvert d'une fine pruine blanchâtre ou de minuscules poils qui lui donnent un aspect givré. Ses tiges florales qui apparaissent autour de sa rosette centrale en été portent de jolies fleurs jaune-orange à rouge.

Culture et entretien

L'entretien de l'écheveria est relativement simple et facile. En période de repos, qui s'échelonne de novembre à mars, cette délicate plante grasse bénéficiera d'une exposition indirecte afin de protéger son feuillage persistant et charnu des rayons brûlants. Une fenêtre à l'ouest ou au sud-ouest lui conviendra parfaitement. Frileux et gélif, il appréciera la chaleur de votre foyer en hiver si les températures avoisinent les 20 °C.

Pendant tout l'hiver, il est préférable d'espacer les arrosages (une fois par mois maximum) et d'attendre que le sol soit sec avant d'arroser. Des apports profonds d'eau sont à favoriser plutôt que de petits arrosages en surface qui fragiliseraient ses racines. Tous les deux ans, rempotez-le, au printemps, pour assurer sa longévité et sa floraison.

Les minuscules rosettes qui apparaissent autour de la rosette principale peuvent être prélevées et transplantées dans un terreau pour semis et bouture préhumidifié. Elles s'enracineront rapidement. Il est également possible de procéder par boutures de feuilles pour sa multiplication de l'écheveria. Sa fertilisation pourra reprendre dès avril pour s'échelonner jusqu'aux gels.

Au balcon

La sortie à l'extérieur de l'*Echeveria* sp. se fera graduellement à partir de la fin de mai. Bien que cette plante succulente tolère bien le soleil, il est préférable de la protéger des rayons intenses du midi. Des apports d'engrais naturels pour plantes à fleurs appliqués une fois par mois (avril à septembre) amélioreront et prolongeront sa floraison. Les arrosages seront plus soutenus pendant la période de floraison (une fois semaine) et devront être diminués immédiatement après (toutes les trois semaines).

FIGUIER DE BARBARIE

Opuntia ficus-indica

100-200 cm	50-150 cm	soleil

Cet imposant cactus comestible est populaire par sa robustesse et son port original et unique. Ses segments aplatis appelés raquettes sont recouverts d'aiguilles rigides mesurant parfois jusqu'à 3 cm. Ces dernières sont entourées de minuscules poils hérissés que l'on nomme glochides.

Culture et entretien

Le figuier de Barbarie nécessite un terreau bien drainant et un pot large et profond pour assurer une bonne stabilité. Il résiste très bien à la chaleur et au soleil. Une fenêtre orientée au sud ou au sud-ouest sera parfaite pour maximiser son développement.

Il craint par-dessus tout les excès d'arrosage et l'eau stagnante dans sa soucoupe. Tous les trois ans, à la fin de l'été, rempotez-le dans un pot légèrement plus grand que l'ancien.

Il est possible de multiplier l'*Opuntia ficus-indica* en prélevant une raquette entière, en laissant sécher la plaie deux à trois jours et en la plantant dans un petit contenant rempli de terreau pour cactus à peine humidifié. N'arrosez votre bouture que lorsqu'elle sera enracinée. Tenir loin de la portée des enfants et des animaux domestiques.

Au balcon

Après les gels, votre figuier de Barbarie sera heureux à l'extérieur. Le figuier exposé en plein soleil, de jeunes raquettes se développeront rapidement. Si la chaleur et le soleil sont au rendez-vous, arrosez votre *Opuntia* une fois par semaine. Abritez-le de la pluie et assurez-vous de vider régulièrement sa soucoupe. Il devra être de retour dans la maison dès les premiers frimas, car il est gélif.

Dans votre assiette

Ce sont les feuilles charnues et juteuses de l'*Opuntia** *ficus-indica* var. *inermis* (sans épine) qui retiendront notre attention, car sous notre climat, il ne produit que très rarement des fruits. Ses raquettes aplaties sont consommées comme un légume. Lors de sa préparation, il est primordial de porter des gants, car même s'il est dit sans épine, ses feuilles sont couvertes de petites glochides (aiguillons piquants). Il faut peler les raquettes, les faire bouillir 10 minutes puis les tremper dans l'eau froide avant de les intégrer aux salades et salsas. Les fruits frais se trouvent dans les épiceries spécialisées.

* Voir recette page 104

HAWORTHIE FASCIÉE

Haworthia fasciata

8-10 cm   5-10 cm   03-11   soleil

Cette minuscule plante grasse est unique. Ses feuilles hérissées vert foncé marquées de fines lignes transversales blanches sont très décoratives. De mars à octobre, portées par de délicates tiges allongées, des clochettes blanches veinées de brun réunies en grappes légères et volages apparaissent.

Culture et entretien

Très attirante et peu exigeante, l'*Haworthia fasciata* est rapidement devenue un incontournable dans les jardins miniatures d'intérieur. En tout temps de l'année, elle apprécie la chaleur du soleil, mais craint les chauds rayons du midi. Une fenêtre exposée à l'ouest lui sera donc favorable en hiver.

Plantée dans des pots plus larges que profonds, elle produira de nombreux rejetons qui pourront par la suite être séparés du plant mère et replantés dans un terreau drainant pour cactus et plantes succulentes. Puisque l'haworthie aime être à l'étroit dans son pot de culture, le rempotage sera pratiqué au besoin seulement (cinq ans environ).

Elle n'apprécie pas les excès d'eau et les terreaux lourds. En hiver, des arrosages très modérés (une fois par mois) suffiront à la garder en éveil. Les apports d'engrais ne sont pas nécessaires en période de repos hivernal.

Au balcon

Sitôt les gelées passées, l'*Harworthia fasciata* pourra regagner sa place au balcon. Il faut toutefois rester vigilant, car elle ne survivrait pas à des températures inférieures à 10 °C. Fraîchement sortie de son repos hivernal et en pleine croissance, il lui sera profitable de recevoir, toutes les trois semaines, une petite dose d'engrais pour plantes succulentes. Très peu gourmande, un à deux arrosages par semaine suffiront à la rassasier lorsque les températures sont normales pour la saison.

Toutefois, en période de grande chaleur, vous devrez ajuster la fréquence des arrosages selon la température et les besoins de la plante. Les lieux mi-ombragés le midi lui conviennent mieux que le soleil direct.

PLANTE JADE, CRASSULE

Crassula argentea

50-100 cm	30-50 cm	02-10	soleil

Plante succulente au port arbustif qui possède des feuilles arrondies, charnues et plates, elle produit au début de l'hiver de nombreuses ombelles blanches, délicates et décoratives.

Culture et entretien

Les fenêtres exposées à l'ouest stimulent le développement du *Crassula argentea*. Bien qu'il tolère les températures fraîches (minimum 5 °C), il craint les gels et préfère les pièces moyennement chauffées (15-18 °C).

Un bon terreau pour cactus et plantes grasses lui est bénéfique afin de contrôler les excès d'eau. Puisque ses feuilles épaisses agissent comme des réservoirs d'eau en période de sécheresse, il est important de laisser sécher presque en totalité la motte de la plante jade entre les arrosages, été comme hiver.

Pas besoin d'engrais pendant sa période de repos hivernal. Au début du printemps, après la floraison, une taille légère au besoin renforcera ses tiges fragiles et cassantes. Au même moment, vous pourrez le bouturer facilement en récupérant et en laissant sécher pendant quelques jours les morceaux de tiges coupées.

Un terreau pour semis et bouture favorisera le développement des nouvelles racines. De croissance rapide, il aime être à l'étroit dans son pot. C'est pourquoi on le rempote rarement. Des pots à base large et des galets sur la surface du terreau préviendront les risques de chutes et les bris.

Au balcon

Lorsque les jours rallongent et que les rayons du soleil se font plus ardents, il faut préparer le *Crassula argentea* pour sa sortie à l'extérieur. En avril, lorsque sa croissance reprendra, des engrais naturels spécialement adaptés aux plantes succulentes et aux cactées devront lui être administrés une fois toutes les trois semaines, et ce, pendant toute la belle saison.

Les arrosages deviendront plus fréquents, surtout en période de grande chaleur. Sa sortie devra se faire en douceur, en procédant par étapes pour que le soleil ne brûle pas ses feuilles. Une inspection minutieuse et régulière de son feuillage et de ses tiges préviendra les attaques d'insectes indésirables.

SANSEVIÈRE

Sansevieria trifasciata

10-80 cm

10-25 cm

indirecte

Bien connue sous l'appellation de *langue de belle-mère,* cette plante succulente est robuste et très décorative. À l'occasion, lorsque les conditions le permettent et qu'elle est à l'étroit dans son pot, elle produit de belles grappes de fleurs blanches odorantes. Son feuillage lancéolé se décline en plusieurs tons.

Culture et entretien

La couleur de la sansevière est fortement influencée par l'intensité lumineuse ambiante. Si elle est près d'une fenêtre ensoleillée, elle prendra des teintes plus claires (ce qui peut occasionner l'affaiblissement de la plante), tandis que dans un lieu à luminosité indirecte, elle redeviendra plus foncée. Très peu gourmande, elle supporte la sécheresse passagère, mais craint les excès d'eau. Les arrosages en hiver se feront lorsque le terreau sera presque entièrement sec. Pendant cette période de repos hivernal, les apports d'engrais devront cesser afin de permettre à la sansevière de ralentir sa croissance et de prévenir l'étiolement de son feuillage. Peu résistante au froid, elle se plaît à des températures ambiantes comprises entre 18 et 22 °C. Puisqu'elle préfère être à l'étroit, le rempotage se fera lorsque ses racines auront entièrement rempli le pot. Il est facile de reproduire la plupart des sansevières en pratiquant la division de rejetons ou encore en bouturant des tronçons de feuilles d'une longueur de 5 cm chacun.

Au balcon

Lorsque les nuits deviennent confortables (15 °C et plus), la Sansevieria trifasciata pourra prendre place au balcon. Bien qu'elle tolère la sécheresse, il faudra l'arroser chaque semaine afin de prévenir la déshydratation. Les chauds rayons du soleil provoquent le jaunissement de son feuillage. Une fertilisation mensuelle (engrais naturel pour plantes grasses et cactus) lui permettra de conserver son apparence dressée et rigide. Elle devra retourner à l'intérieur avant que les températures ne descendent sous la barre des 13 °C.

Au banc d'essai

SANSEVIÈRE 'HAHNII'

***Sansevieria trifasciata* 'Hahnii'**

15-25 cm | 10-20 cm | indirecte

Cette espèce naine possède des feuilles plus trapues teintées de vert moyen fortement marbré de gris. Elle produit de nombreux rejetons qui pourront être séparés ou conservés autour du plant mère.

CARTE DES ZONES DE RUSTICITÉ

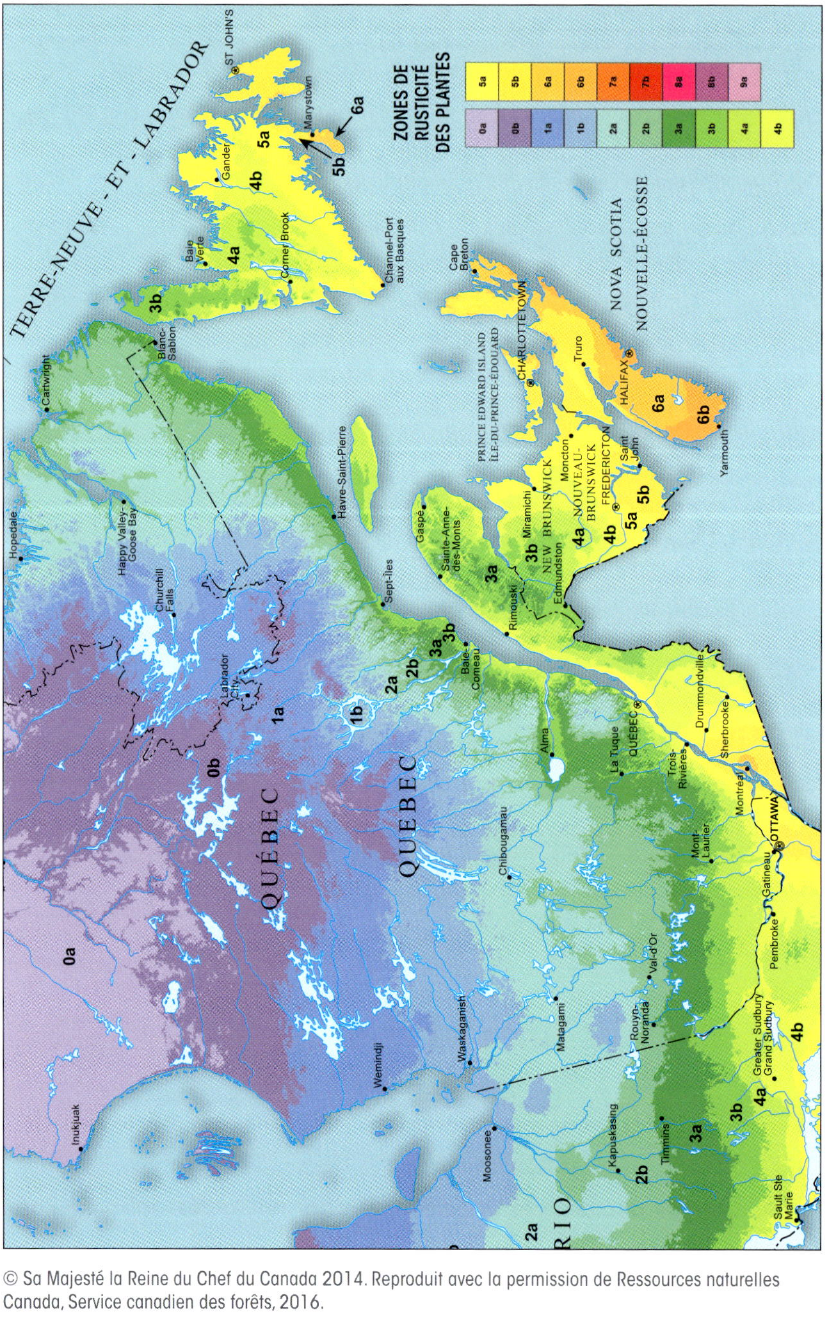

REMERCIEMENTS

Je tiens à remercier chaleureusement tous ceux et celles qui ont participé de près ou de loin à la réalisation de ce livre. Un gros merci aux membres de ma famille et à mes amis pour leur soutien et leur encouragement. Pour la transmission de leurs connaissances et l'amour de leur métier, sincère merci aux enseignants de l'École d'horticulture du Jardin botanique de Montréal (formation 1995-1997). Pour leur confiance année après année, depuis plus de 20 ans, merci aux Sociétés d'horticulture et d'écologie du Québec, aux Amis du Jardin botanique de Montréal, aux autres associations horticoles et à tous leurs membres. Et enfin, un merci particulier à l'équipe des Éditions Broquet pour leur confiance et leur précieuse collaboration.

BIBLIOGRAPHIE

Baril, Hélène, *Fines herbes et fleurs comestibles du Québec,* Saint-Constant, Éditions Broquet, 2017.

Baril, Hélène, *Plantes décoratives pour patio et balcon,* Montréal, Bertrand Dumont Éditeur, 2005.

Boudreau, Julie, *Plantes grimpantes,* Boucherville, Bertrand Dumont éditeur, 2006.

Collectif, *Potions Magiques pour un jardin en santé,* Québec, Spécialités Terre à Terre, 2001.

Collectif, *Revue Quatre-Temps,* vol. 20, n° 3, Montréal, Les Amis du Jardin botanique de Montréal.

Collectif, *Revues Planète Jardin,* L'Assomption, 2017-2018-2019.

Davidson, W., C. Innes et R. Bilton, *Plantes d'intérieur,* Laval, Les Éditions Modus Vivendi, 1998.

DECO-Style, Les entreprises Normand Tellier Inc, Saint-Félix-de-Valois, Catalogues 2016-2017-2018-2019.

Donaldson Stéphanie, *Les plantes en pots en toutes saisons,* Paris, Éditions Manise, 1998.

Dumont, Bertrand, *Le potager urbain facile et naturel,* Québec, Éditions MultiMondes, 2016.

Gagnon, Yves, *Le jardinage écologique,* Saint-Didace, Les Éditions Colloïdales, 2002.

Heitz, Halina, *Guide pratique des plantes d'intérieur,* Paris, Sélection du Reader's Digest, 1992.

Hodgson, Larry, *Les plantes d'intérieur,* Boucherville, Éditions Broquet, 1999.

Lévesque, Micheline, *Le guide complet des pesticides à faible impact et autres solutions naturelles,* Montréal, Isabelle Quentin éditeur, 2005.

McVicar, Jekka, *Le grand livre des fleurs comestibles, comment cultiver et cuisiner les fleurs comestibles,* Laval, Guy Saint-Jean éditeur, 2007.

Michaud, Lili, *Mon potager santé,* Québec, Éditions MultiMondes, 2013.

Mondor, Albert, *Le nouveau potager. Le jardin comestible pour tous les espaces,* Montréal, Les éditions du Journal, 2018.

Mondor, Albert, *Les annuelles en pots et au jardin,* Montréal, Les Éditions de l'Homme, 2000.

Peerless, Veronica, *Comment ne pas assassiner ses plantes d'intérieur,* Saint-Constant, Éditions Broquet, 2018.

Skalická, Anna, Rudolf Šubik, *Illustrated encyclopedia of houseplants,* Londres, The Promotional Reprint Co Ltd, 1988.

Wilson, Mélinda, *Fleurs comestibles du jardin à la table,* Montréal, Fides, 2006.

SITES

www.jardinierparesseux.com

www.casatv.ca/publications

www.lesoleil.com

fr.wikihow.com/faire-pousser-du-gingembre

www.deco-style.ca

www.camerisequebec.com/la-camerise.php

www.fleurenville.com

www.espacepourlavie.ca

INDEX

CRÉDITS PHOTOGRAPHIQUES

Tous les efforts ont été consentis pour inscrire les ayants droit. Pour une omission quelconque, nous vous prions de vous adresser à l'éditeur pour correction.

Légende: b-bas, h-haut, c-centre, g-gauche, d-droite

Adobestock: ©chamillew couverture avant haut,©FollowTheFlow couverture avant bas, ©Mr Doomits couverture arrière haut, ©PIXATERRA p. 8, 90, 91, 116, 117, ©frenta p. 17 (Tournesol), ©designer_an p. 17, 19, 26, 30, 32, 34, 44, 46, 48, 54, 56, 58, 60, 62, 64, 66, 68, 72, 74, 77, 80, 90, 94, 96, 98, 102, 112, 114, 116, 124, 136, 144, 156, 166 (Abeille), ©mbruxelle p. 20hg, 44, ©Pixelmixel p. 20bg, 94-95, ©graphlight p. 20bd, 26-27, ©maxsol7 p. 20hd, 73, 45, ©loflo p. 21b, 86, ©hcast p. 21h, 64-65, 88-89, 100-101, 102-103, 145, ©yanadjan p. 24-25, ©Jean-Marie Polese p. 28-29, ©supatthanan p. 30-31, ©Unkas Photo p. 32, ©Ruckszio p. 33, ©sepyana p. 34, ©Igor p. 35, ©DD Images p. 36-37, ©Engdao p. 38-39, ©Gundolf Renze p. 40-41, ©Caroline Schrader p. 42-43, ©Axel Gutjahr p. 46, ©ArtCookStudio p. 47, ©Mara Zemgaliete p. 48, ©sabyna75 p. 52-53 (photo fond), 58-59, ©Taina Sohlman p. 53cg, 60-61, ©argen-lant p. 53hg, 54-55, ©ChiccoDodiFC p. 53cc, 56-57, ©enjoynz p. 53cd, 62-63, ©Lilli Bähr p. 68-69, ©coco p. 70, ©HVPM dev p. 73, 93, ©eqroy p. 73, ©nonooh p. 74-75, ©posinote p. 76, ©mansum008 p. 77, ©S K p. 77, ©Marc p. 78-79, ©Soru Epotok p. 80, ©STUDIO GRAND WEB p. 83, ©helenedevun p. 83, ©IKvyatkovskaya p. 84-85, ©lamax p. 92, ©L.Bouvier p. 96-97, ©Tazzjang_Canna p. 108,120, ©joloei p. 108hd,136-137, ©VarnakovR p. 108bd, 132, ©skymoon13_Plectranthe p. 109, 142, ©Marie Capitain p. 112, ©piyaphat p. 114, ©7monarda p. 108bg, 140, ©adisa p. 118, ©sablinstanislav p. 122, ©homydesign p. 124, ©Арина Трапезникова p. 126, ©Olga Berlet p. 128-129, ©Johanna Mühlbauer p. 130-131, ©s1llu p. 133, ©stigmatize p. 134, ©x Profywit p. 144, ©elena-rostunova p. 146-147, ©Junebreeze p. 148-149, ©Paulina p. 150-151 (photo fond), 156-157, ©Vladimir Liverts p. 151cd, 154-155, ©Ga_Na p. 160, 167, ©byallasaa p. 160, 164, ©Nataliia p. 160, 165, ©kviktor p. 168hg, 178-179, ©bugtiger p. 168hd, 174-175, ©georgina198 p. 169h, 192-193, ©kivitimof p. 216, ©FollowTheFlow p. 173, ©nadin333 p. 180, ©horst jürgen schunk p. 182-183, ©Mr Doomits p. 184-185, ©Yurii p. 186-187, ©Rachel Lerch p. 188-189, ©Vladimir Melnik p. 190-191, ©drutska p. 198-199, ©ileana_bt p. 200, ©Sandor Gora p. 169b, 202, ©unverdorbenjr p. 206-207, ©Svetlana p. 208-209, ©Sandor Gora p. 214-215, ©giulianax p. 217.

Ball flora plant: p. 115, 119, 127, 160hg, 166.

Déco style: (Origanum Kirigami_25 octobre 2017) p. 81h, (Alstroemeria Rock & Roll_23 octobre 2016) p. 113, (Carex oshimensis EverColor Eversheen_27 septembre 2015) p. 123, (Carex oshimensis EverColor Everlite_20 octobre 2016) p. 123, (Pennisetum advena Beauty of Marrakech_20 octobre 2016) p. 141, (Thunbergia alata Rose Sensation_16 octobre 2018) p. 151h, 159, (Aloe x gasteraloe Green Ice_18 octobre 2016) p. 205.

Hélène Baril: p. 22, 81b, 87, 104, 105b, 106, 111.

IStock: ©LauriPatterson p. 107, ©yukihipo p. 125, ©claudiodivizia p. 135, ©RoniMeshulamAbramovitz p. 138-139, ©tang90246 p. 143, ©shark_749 p. 176.

Shutterstock: ©Andrii Muzyka_texture p. 8-9, ©Swetlana Wall p. 53b, 66, ©Manfred Ruckszi p. 67, ©Julie Vader p. 98-99, ©Ildi Papp_Chimichurri p. 105h, ©Donna Smith Photograph p. 109h, 151cg, 153, ©Jamie S Edwards p. 121, ©billysfam p. 168bg, 177, ©Tikumporn mekloy p. 168bd, 212-213, ©Pixel-Shot p. 194-195, ©JRP Studio p. 196-197, ©Nenov Brothers Images p. 204, ©Phawat p. 210-211.